JN120358

セールスの絶対国語辞典

哲学編

セールス：インポッシブル
sales: impossible

岡根芳樹

はじめに

哲学を持たない人間は常に迷っている。

一般的な意味における哲学とは少し違う。私が言う哲学とは、その人にしかない「偏った価値観」である。ネットで調べてかき集めた、正しそうな受け売りの知識ではなく、その人が自分の人生の中で実際に迷い、苦しみ、もがいた末にたどり着いたこだわりや人生観のことだ。

セールスとは、ただ単に物を売るだけの行為ではない。セールスとは、人と出会い、人間関係を築き、コミュニケーションを通して相手の価値観に影響を与えることである。平凡でありきたりな価値観には、誰も影響は受けない。経験によって生まれた言葉でなければ、どんなにいい言葉でも心には響かない。相手の価値観に影響を与えられるのは、人生を通して自分の哲学を磨き続け、非凡で魅力的な価値観を持っている者だけだ。

すなわちセールスマンたる者、哲学を持たなければいつも迷っているただの物売りと化してしまうであろう。わからないことがあればすぐにネットで検索し、成功者がいればすぐに信者になり、妄信的にただやり方を真似し、うまくいかなければ自分には合わなかったとまた別の成功者を求めてさまよう。

全国で講演をしていると、そういうセールスマンによく会うことがある。すぐに成果に結びつく「やり方」の答えばかりを求めて、うまくいかない原因が「あり方」にあることに気づけない者たち。根が張り巡らされる前に、枝葉ばかり大きくして実をつけようとするから枯れてしまうのだ。

セールスマンたちよ、哲学を持て！

この本は、私が長年セールスマンとして歩んできた人生の中で培った、ユニークで、強烈で、随分と偏った価値観を記した哲学書である。私は決して真面目に生きてきた訳ではない。かといって不真面目に生きてきた訳でもない。馬鹿なことを繰り返し、何度も転び、紆余曲折だらけの人生を送ってきた。だからこそ、私の価値観はとても偏っているのだが、良く言えばその分だけ味がある。

十代で無難な人生の軌道から外れ、高校は途中から行かなくなり、自分で劇団を立ち上げ、人に騙されて多額の借金を背負い、それでもフルコミッションの営業で借金を完済し、おそらく日本初であろう便利屋を起業し、月収五万円にもかかわらず結婚をし、劇団を解散した後には絵本作家を目指すと宣言をし、三人の子どもがいながら三年間もプー太郎生活をし、フルコミッション時代の悪友に誘われてコミュニケーションやプレゼンテーションのスキルをトレーニングする教育会社を創設し、現在に至る。

エリート街道とは程遠い獣道、これが私の人生だ。

そのため、私の哲学には大いに「毒」が含まれているだろう。建前や綺麗事ではない、偏見あり矛盾ありの私の本音だ。しかし押しつけるつもりはない。どうか決して鵜呑みにすることなく、自分の哲学を磨くための道具として活用して欲しい。

経営にしても商売にしても、哲学のない教育ほど悲惨なものはない。

これは子育てにおいても同様である。哲学を持たない親は、常に正解を求め続け、賢そうな人の話や本に流され右往左往している。挙句の果てには迷宮へと入り込み、犠牲者となった子どもは、自分の可能性に気づくことなく、「自分はダメだ」という負のレッテルを貼ってしまう。その子どもの心は、絡まったネックレスの鎖のように、いじればいじるほど状況が悪化していく。

犬や猫の子どもでもあるまいし、人間の子育てに正解などある訳がない。自分の子どもなのだ、自分の哲学に基づいて育てればいいではないか。子どもは、唯一無二の自分の分身である。そして子どもは、その親からしか生まれないという宿命なのだ。

商売をする者たちよ、上に立つ者たちよ、いや全ての大人たちよ、哲学を持て！

「どうすれば魅力的な哲学を持てるようになるか？」

この質問にも正解などない。

私がアドバイスできるとすれば、自分が魅力的だと感じる方へ偏ることだ。そして、その偏った価値観に他人が魅力を感じないとしても動じてはいけない。世間の価値観などいい加減なもので、時代とともに変わってゆくのだから。

さあ、自信を持って、大いに偏ろうではないか!

もくじ

64p

傷【きず】

輝くための必然。つけても、つけられても痛みを伴う。

75p

癖【くせ】

強過ぎると嫌われるが、なくなってしまうと、存在の価値まで失くなってしまう。

84p

計【けい】

たいていその通りにはいかない。持っていないと「無鉄砲な奴」だと揶揄される。

95p

恋【こい】

いつの間にか勝手に芽生えてしまうが、なかなか実らない。破れたり、失ったりする。

102p

幸【さち】

豊かさや貧しさには比例しない。盗むことはできないが、分かち合うことはできる。

111p

質【しっ】

常に向上を意識していないと落ちていく。貧しいときには問わず、豊かになってくると問いだす。

120p

隙【すき】

見せるとつけ込まれ、見せないと孤独になっていく。

127p

誠【せい】

持っていない人ほど、持っていると言う。持っているかいないかは、お金を貸せばわかる。

134 p

損【そん】

しないようにばかり考えていると、人生は面白くなくなる。

140 p

旅【たび】

「人生」の同意語。最も人の情けに触れることのできる体験。

149 p

父【ちち】

息子が人生で最初に憧れる人。娘が人生で最初に結婚したいと思う人。

159 p

月【つき】

去って行った恋人の心のようなもの。明るいときには見えず、暗くなってからしか見えない。

---

168 p

敵【てき】

人生というドラマを面白くするには必要な登場人物。

179 p

友【とも】

人生というドラマを豊かにするなら欠かせない登場人物。

189 p

謎【なぞ】

地球上、人類だけが解き明かそうと挑み続けているもの。

199 p

肉【にく】

食べるのは好きなのに、身につくのは嫌う人が多い。相手の骨を断つためにはあえて切らせるもの。

207 p
沼【ぬま】
青春時代、誰でも一度ははまるもの。いい歳をしてからはまると、けっこうやっかい。

216 p
猫【ねこ】
自分勝手にわがままに振る舞っても嫌われない不思議な生き物。

222 p
脳【のう】
でっかくても、足りなくても悪く言われる。使わないと怒られ、使い過ぎると病んでくる。

230 p
恥【はじ】
人の目ではなく、自分の「心」に「耳」をあてたときにわかるものが本物。

---

236 p
暇【ひま】
ないとストレス。たくさんあってもストレス。

244 p
副【ふく】
主を助けるように見せかけて、出し抜こうとするヒール役。

253 p
変【へん】
自然界の真理。新しい時代の「武士道」につけ加えるべき言葉。

261 p
本【ほん】
薬にもなれば毒にもなる。持ち運び可能な小宇宙。

338 p

乱【らん】

酒を飲み過ぎた結果。色気を出す演出。

347 p

率【りつ】

昨年と今年の契約数をプレゼンテーション回数で割ってみよ。上がっていなければ、悔い改めよ。

356 p

類【るい】

「営業馬鹿」と「バカ営業」、似ているからと言って、一緒にされてはたまったものではない。

364 p

例【れい】

悪代官が好んでよく使う言葉「—の件はうまくやったか?」「—のものを用意しておけ」。

---

371 p

老【ろう】

人として、角が取れていい感じになってくること。男女の区別がなくなってくること。

376 p

罠【わな】

うまい話にもれなくついてくる。かかるのは簡単だが、仕掛けるのは大変。

385 p

乎【を】

「うぉ」と発音するのが正しいと思い込んでいる新人アナウンサーが、先輩に叱られる羽目になる。

392 p

吽【ん】

何もない、あるいはすべてを含む。

悪【あく】

かつて劇団を主宰していた私にとって、「悪」という言葉の響きは何とも言えない禁断の魅力を感じさせる。また役者においても、善人役しかできないという役者は二流・三流の役者であり、魅力的な悪役を演じられてこそ一流の役者であるというのが私の演劇論でもある。しかし残念ながら、奇抜で型破りなスタイルを売りにしている魅力的な役者たちの中には、現実の世界でも本当に悪いことをしでかしてしまう者がおり、舞台から、銀幕から、テレビから、どんどんその姿を消していってしまった。少し前なら「あの人はしょうがない」と半ば呆れ気味に笑って許されていた者も、最近では徹底的に叩かれ、完全無欠の品行方正な者しか市民権を得ない。その結果、ドラマを観ても、映画を観ても、まるで病院で用意された食事のような味がする。

ドラマを面白くできるかどうかは、悪役の力量にかかっているといっても過言ではない。そのバリエーションの多さには目を見張るものがあるが、演じる役者によってけ主役をも食ってしまう個性を発揮できるのが悪役だ。「バットマン」のジョーカーや、『羊たちの沈黙』のハンニバル・レクター、あるいは最も有名な悪役ダース・ベイダーなどはその最たるものだろう。それに比べてみると、ヒーロー像は昔から現在に至るまで画一的だ。

幼い頃は誰しもヒーローに憧れるものだが、思春期になると悪に憧れるようになる。私自身も思春期の頃は不良と呼ばれる友だちとの付き合いの方が多かったし、楽しかった。みんなテレビに出てくる不良の真似をして髪を染めたり、こっそり煙草を吸ったり、しょうもない悪さをしたりしていたが、そこには悪いことをしているという罪悪感だけでなく、妙な優越感と快感があったような気がする。

悪の魅力とはいったい何なのか。

似たような言葉に「毒」がある。「目の毒だから見ない方がいい」と言うように、悪い影響を及ぼしそうなものを毒と表現することが多い。しかし、不思議と毒がある食べ物は美味い。河豚の毒は有名だが、うなぎの血やアワビの肝にも毒の部分があるのだそうだ。お茶やコーヒーに含まれるカフェインにも毒性はあり、桃の種には青酸カリが含まれている。さらには銀杏、ナス、トマト、ジャガイモ、キャベツ、ホウレンソウ、ワラビ、たけのこ、ほおずき、ふきのとう、挙げればきりがないが、これらには全て毒があるのに実に美味い。いや、むしろ毒があるからこそ、美味さを増しているのではないだろうか?

北里大と長崎大の研究チームによると、体内に毒を持たない養殖の河豚は、毒を持つ天然の河豚に比べて4倍もストレスレベルが高く味も落ちるのだという。ノンアルコールのビールやノンカフェインのコーヒーも、また本格的なそれと比較するとコクや深みに物足りなさを感じるのは私だけだろうか。

人もまた同じである。毒舌タレントが人気なように、少し毒のある人の方が魅力的ではないか。「良い人だから付き合いました」「良い人なんだけど付き合えない」、どちらの言葉をよく聞くかと問われれば、圧倒的に後者の方だ。だいたい良いことしか言わない人はどこか胡散臭い。「怪しい者ではありません」という言葉ほど怪しいものはないし、「変なことはしない」という人ほど変なことをする。反対に「毒舌だけど愛情を感じた」という経験なら、誰しも一度はあるはずだ。

一つや二つ脛に傷を持っているくらいの方が、人として信用できる。ましてや経営者たる者、少々の毒を喰らっても平然としていられるような精神力を持っていなければ、社員、従業員の生活など守れるはずがない。その精神力を培うためには、経営者自身がある程度の毒を持つ必要がある。

誤解しないでいただきたいが、経営には悪事も必要と言っているのではない。私が言っているのは、過去の人生において悪い時期があったとか、とんでもない理不尽な苦労をしてきたとか、本当は恐ろしいくらいの劣等感を持っているといった類の毒や悪のことだ。

毒も悪もない者は弱い。例えば生真面目で大人しく「良い子」だと言われながら育った経営者や、何一つ苦労することなく優雅に育った二代目社長などが、危機に直面したときに脆く崩れてしまう様を容易に想像することができるだろう。

伝記シリーズに描かれた野口英世は素晴らしい偉人だが、実際はとんでもない人間だったらしい。勉学に対しては驚異的な集中力を持っていた反面、酒と女の放蕩三昧で、友人や先輩から借金に借金を重ね、挙句の果てには借金を踏み倒して逃げるようにして渡米するという悪人の顔も持っていたのだ。詳しくは渡辺淳一の小説『遠き落日』を読んでみて欲しい。

しかし、このとんでもない悪人の英世を私はなぜか憎めないのだ。憎めないどころか、その豪傑ぶりに惚れ惚れしてしまうから人間というのは面白い。

悪の魅力を一言で言い表すことは難しいが、共通して言えることは、悪人はとにかくメンタルが強いということだ。無法者の海賊よろしく、やられてもやられても決して心が折れることなく何度でも立ち上がってくる。しかも悪事を働いているときの集中力は超人的だ。そして常に高笑いが絶えず、時に狂喜乱舞している。

それに対してひたすら真面目に任務をこなしている正義の方は常に真剣な表情で、滅多に笑わない。いや、笑わないどころか怒っていることさえある。それでは、さぞかしストレスが溜まることだろう。

これはそのまま、我々のビジネス社会に当てはまるではないか。

例えば悪いが、振り込め詐欺集団のバイタリティには驚かされる。もちろん彼らのやっていることはれっきとした犯罪で、決して許されることではない。しかしだ。マスコミに大々的に手口を明かされてどんなに妨害されようとも、次から次へと新しいアイディアを生み出し、何度でも立ち上がってくる。

いったい世の中の一般的でまともな企業に、彼らと同じだけのバイタリティを持った人間がどれだけいるだろうか。ブラック企業なら話は別だが、就業環境に恵まれているにもかかわらず、すぐに弱音を吐いたり愚痴をこぼしたり、「疲れた」だの「辞めたい」だのネガティブなことばかり言っている者が圧倒的に多いと感じる。

おそらく振り込め詐欺を成功させるためには、とんでもない数の失敗を繰り返しながらアタックをしているであろうし、トークや表現力の研究を日夜怠ることもないだろう。いとも簡単に騙せている訳ではない。その努力や大変さは、一般的な営業会社のテレアポやセールス活動以上であるに違いない。

そこで想像してもらいたい。振り込め詐欺をしている連中が、なかなかうまくいかない電話の最中に、「どうせまたダメだろうな」とか「断わられたらどうしよう」とか、「俺はこの仕事向いてないのかも」などと弱音を吐いているだろうか。

いや、そんなはずはない。「ちっ、なかなか騙されねえな。ちくしょう、こうなったら成功するまでかけてかけてかけまくってやる！」、きっとこんな感じに違いない。

また、情報番組などで手口を事細かに公開され、それまでのやり方が使えなくなれば「くそう、こんなことで俺たちが引き下がると思うなよ。次だ、次の手をみんなで考えろ！」「おー!!」といった具合ではないだろうか。なんという情熱。なんという心の強さ。なんという団結力（全て想像ではあるが）。

世の中の多くのセールスマンよ、ちょっとやそっと断られたぐらいでめげている場合じゃない。悪人たちの爪の垢でも煎じて飲み、このバイタリティを見習うのだ。悪人とて同じ人間。悪人にできて善人にできないはずはない。まっとうな仕事をしている我々が負ける訳にはいかない。さあ、立ち上がるのだ！

と、こんなことを言うと、怒り出す人がいるだろう。

世間一般の常識は、昔から決まって勧善懲悪だ。『桃太郎』『かちかち山』『さるかに合戦』などの昔話や、映画や漫画の世界ならまだしも、現実の世界においてまで勧善懲悪を求めようとする。

　しかしよく考えなければいけない。悪とは善との対比であり、光と影に例えるならば悪は影の方である。善は清く正しく美しく、悪はずるく醜く恐ろしいというイメージがあるが、相反する二つの価値観があったとき、どちらが善でどちらが悪かなどというのは、単なる数の理論に過ぎない。そもそも影は、きらきらとした輝きや明滅する光、あるいは揺らめく光を意味する言葉だった。今でも「月影」や「星影」は、月の光や星の明かりことを指す。

　戦争も、戦っている最中は当事者にとっては互いに善だ。しかし、戦争が終わると勝者がいつも善となり、敗者が悪とされる。数が多い方や強い者が正義と名乗り、光輝く。それに従わぬ者は悪のレッテルを貼られ、日陰の存在となる。西部劇で描かれるインディアン然り、第二次世界大戦後のナチスドイツ然り。平安時代に坂上田村麻呂によって東北の土地を征服された蝦夷の民や、悲惨な最期を遂げた蝦夷の族長阿弖流為（アテルイ）も同様であろう。そんな話は世界中の至る所にある。

　だから軽々に善が正しく、悪は正しくないと信じる訳にはいかない。確かにそうである場合もあるだろうが、むしろ弱者の理論に耳を傾け、敗者から見た歴史にも興味を持たなければならない。

別に世の中の悪を庇護するために屁理屈をこねているのではない。悪いことはしていないから自分は善人だと思い込み、何もしない怠け者に警鐘を鳴らしているのだ。成果よりも前例やルールにこだわり、挑戦よりも失敗しないことを優先させ、批判を恐れて口を閉ざす者たちに対してだ。

第一、悪人でなければ善人であるなどという方程式はそもそも成り立たない。「愛の反対は憎しみではない。無関心だ」というマザー・テレサの言葉にもあるように、弱い者から奪い取っていく悪人よりも、それをただ傍観している人間の方が恐ろしいのではなかろうか。なぜなら、傍観者には罪悪感がないからだ。

はたしてこの世に絶対的な善人などいるのだろうか?

自分が善人だと思い込んでいる者同士が車をぶつけると厄介だ。「俺は正しい、そっちが悪い」「いや、急ブレーキを踏んだ、お前が悪い」「いや、俺は信号を守っただけだ」と、互いに自分が正しいと言って喧嘩になる。

しかし、自分にも非があるかもしれないと自覚している者同士が車をぶつけると、「こっちが悪かったですね、すみません」「いや、こっちこそ、よく見てなくてすみません」「いやいや、こっちこそ……」と、互いに自分のせいだと謝罪する。いったいどちらが善人で、どちらが悪人なのかわからなくなる。

同じように、本質を深く考えることなく「ルールを守っているのだから、私は正しい」とか、「規則に従っているだけだから、私は悪くない」と思い込んでいる人も、そろそろ気づいて欲しい。

その深層心理には、「強い者に従って真面目にしていれば何とかなる」という甘ったれた依存心が潜んでいるに違いない。こうした考え方は、これからの時代には全く通用しなくなるだろう。人工知能の出現によって、真面目に従っているだけで通用する時代はもう終わったのだ。

さらにはインターネットやECサイトの出現により、ただ物を売るだけのセールスマンの時代も終わった。時には愛情を持って見込み客を叱りつけ、問題意識を引き出すことができるくらいの毒を持ったセールスマンにならない限り、存在価値はないだろう。

あ

粋【いき】

粋の反対は、言わずと知れた野暮である。

この数十年、正しい人間は増えたが、粋な人間は減ったように感じる。

「私が捨てたゴミじゃないから、私に拾う義務はない」「ここは優先席じゃないし、俺も疲れてるんだから、席を譲る必要はない」「私はそんな指示をした覚えはない。自分で勝手にやったんだから、自分で責任を取ってくれ」

巷には、一見正しそうに見えるが野暮な言葉が飛び交っている。


粋とは、「正しいか、正しくないか」という概念ではなく、「美しいか、美しくないか」という美意識である。かつての日本における独特で最高の文化でもあった。特に江戸時代末期、江戸に住む庶民たちは、「いかに粋に生きるか」ということを競い合っていたそうだ。

例えば祭りや人混みの中で足を踏まれたら、踏まれた方が先に「おっと、足が長くてごめんよ」と謝るのだそうだ。実に面白い。人にぶつかられたときも同様で「ぼーっとしてて、すみません」という具合だ。もちろん足を踏んだ方やぶつけた方は、後から倍の勢いで謝ったことは想像に難くない。そして先に謝った方は、粋という見えない勲章を胸に付け、気持ちよく風を切ってその場を立ち去っていくのだ。被害に遭った方が腹を立てることなく、むしろ爽快な気分になる。実に美しい姿ではないか。

しかし最近では、車と車のバンパーがコツンと当たっただけで大騒ぎである。自分は悪くない。そっちが悪い。いやそっちが悪い。よく見れば、バンパーがわずかにこすれた跡があるくらい。ボディが凹んだならまだしも、ボディを守るためのバンパーがこすれたくらいで警察を呼ぶ始末。自分たちの子孫のこの様を、粋な江戸っ子が見たらいったい何と思うだろうか。

また、先日テレビ番組では「学校給食費の未納が増えている」という問題を取り上げていた。公立の小中学校のなんと約半数の学校で未納の問題が起きているという。もちろん経済的な理由で給食費を払える状況ではない家庭もあるのだが、驚くべきは子どもの携帯代は払っているのに給食費は払わないという家庭が増えていることだ。

理由を調べると、その大半は「払っていない家庭があるのに、自分が払うのは不公平」というもの。いい大人たちが、もっともらしい屁理屈を恥ずかしげもなくのうのうと述べている。粋でもなければ正義でもない。レストランで食い逃げをした人を指して、「あいつを捕まえてきて払わせるまで俺も払わない」と言っているのと同じ理屈ではないか。たとえどんなに正当な理由があったとしても、決して美しい行為とは言えないだろう。

人の分まで払えとは言わないが、江戸っ子のように「悪かったねえ、あいつは俺の知り合いなんだよ。払っておくから許してやって。いくらだい？」なんてさりげなく言えたら、これはもう高倉健さんレベルの粋な人である。

こんなことを言うとまた「そんなのは犯罪者をのさばらせるだけだ！」と正義を振りかざしてくる奴がいるから面倒くさい。誰も犯罪者をのさばらせていいとは言っていない。何度も言うようだが、粋とは美学であって、正しさではない。粋とは、見た目の美しさや格好良さではなく、自分より相手を優先させる気持ちであり、在り方の美しさである。

粋を身につけることは簡単そうにも思えるが、これがなかなか難しい。なぜなら粋に生きようとすれば、必ず損をするからだ。粋とは、能動的に損をすることに他ならない。これが辛いのだ。

誰しも「美しくありたい」とは思っても、損はしたくないと思うだろう。損をしたくないから野暮な自分を正当化する。損をしてでも美しくあろうとする人は稀であろう。だからこそ、格好良いのだ。

誰かが落としたゴミを拾ってやる。自分も疲れているけど進んで席を譲る。部下の失敗をかばってやり、手柄は部下に付けてやる。

こんな人には、自然と人が集まってくる。これからの時代を担っていくリーダーは、高学歴のエリートではなく、人望の厚い人格者であることは間違いない。

そしてセールスマンは、絶対にこの美学を身につけなければならない。なぜなら、セールスマンが売っているのは物ではないからだ。ただ物を売るだけならこの時代、自動販売機やインターネットで充分だ。セールスマンが本当に売っているのは、他ならぬ自分自身である。魅力ある商品を探してきて売るのではなく、魅力あるセールスマンになるために自分を磨くのだ。

では、どうすれば粋を身につけることができるのか？

粋を身につけるためには、自分の中に眠っている「馬鹿力（ばかりょく）」を目覚めさせることだ。先にお伝えしておくが、ここで言う馬鹿力とは頭が悪い人の力ではない。そもそも馬鹿力（ばかぢから）の馬鹿も頭が悪いという意味ではない。火事場などの非常事態に無意識に出る物凄い力のことだ。あるいはネジが馬鹿になったと言うように、コントロールできない状態を馬鹿と呼ぶ。一般的には確かに利口ではないという意味で使われることが多い言葉だが、それはそれで結構ではないか。

野暮な人は、何かに挑戦しようとしても失敗を恐れて行動を制御してしまう。対して馬鹿な人は、失敗など恐れずどんどんチャレンジし続ける。そして馬鹿の最大の特徴は、損得を勘定しないことだ。これはなかなか凡人にできることではない。ましてや野暮な人間は損得の勘定ばかりして、たとえ価値あることでも損をしそうだと思えばまず行動しない。しかし馬鹿は、損をしようが危険であろうが、価値あることなら進んでやるし、可能性が低くても得意ではなくても、やると決めたらとことん全力を尽くすのだ。

さらには形式的な常識にとらわれることもないため、自分の信念を貫くことができる。過去の失敗に引きずられることなく、他人の声に惑わされることなく、未来の可能性を信じ切ることができる。

なんとシンプルで美しい生き方だろう。これが粋の本質なのだ。

「馬鹿なことを言わないで！」「馬鹿なことはやめなさい！」「ふん、馬鹿馬鹿しい」「そんな馬鹿みたいなことできる訳がない」

そんな言葉に耳を傾けるのは、もうやめよう！

馬鹿で結構。我々は馬鹿じゃないふりをしているだけで、本当は生まれたときからずっと馬鹿ではないか。みんな知識と経験を得て多少賢くなっただけなのだ。だから他人の言葉を必要以上に気にすることはない。どんなにおかしく思えることだって、信念を持って貫き通せばいいのだ。

私はその哲学に基づいて、十七歳で劇団を立ち上げたときも、二十三歳で便利屋を起業したときも、三十一歳で絵本作家になることを決意したときも、そして現在に至るソーシャル・アライアンスという会社を創業したときも、世間で言う「馬鹿なこと」を貫いてきた。

効率ばかり考えていると、いつの間にか損得勘定にまみれてしまう。
確率論ばかり語っていると、いつの間にか小者になってしまう。
常識ばかり気にしていると、いつの間にか臆病者になってしまう。
好きなことばかりやっていると、いつの間にかくだらない人間になってしまう。

さあ、世の中のセールスマンたちよ。眠らせている馬鹿力を目覚めさせ、価値があると思うことに全力で挑戦しようではないか。

これからの時代を、馬鹿で粋に生きろ！

嘘【うそ】

大人と子どもの境目が、嘘のつき方にある。大人になったのであれば嘘の一つや二つくらい上手につけなければならない。ましてやセールスマンたる者にとって、嘘は必要不可欠な能力である。「どんな場合でも絶対に嘘はいけない」などというのは、とても子どもじみているし、正直だけが自分の取り柄なんていうのは全くもって恥ずかしいことである。

嘘には二種類ある。もしリトマス試験紙のようなもので色を炙り出すことができるとしたら、それは「黒い嘘」と「白い嘘」だ。

黒い嘘は、幼い子どもがよくつく嘘で、自分を良く見せたり、自分が得をするためにつく嘘である。子どもがつく分にはたわいもないことだが、大人になって黒い嘘をつくと詐称となり、時として犯罪になる。しかし、例外もあるらしい。権力を握っている人間たちのつく黒い嘘は見逃されるようだ。国会などで見られる黒に黒を塗り重ねたような嘘だらけの茶番劇には、うんざりしている人も多いだろう。

子どもにしても黒い嘘はよくはないが、これは成長過程においては自然なことであり、ある意味子どもの特権と言ってもいいだろう。つまり、大人になっても黒い嘘をつき続けている人間は、精神的に成熟していない幼稚な人間という訳だ。

だからと言って、嘘を全て否定するのはいかがなものか。

臭いものに蓋をするという考え方は、物事の根本的な解決にはならない。私の息子が小学生の頃、学校で「あだ名禁止」という校則ができた。変なあだ名がいじめにつながるということが理由だった。いや、ちょっと待ってくれ。確かにひどいあだ名は本人を傷つけるだろう。特に身体的な特徴を笑い者にするようなあだ名は許しがたい。

織田信長が明智光秀に暗殺された理由の一つに、光秀の薄毛を人前で「キンカン」と馬鹿にして呼んでいたことを恨まれていたからだという説もあるほどだ。実際キンカンを手に取ってみれば、確かにつるつるしていて、ほどよく頭皮のような柔らかさがあり、上手いあだ名をつけたものだなと不謹慎にも笑ってしまう。ちなみに信長は、秀吉のことは「禿げネズミ」と呼んでいた。個人的には、こちらの方がよほどアウトだと思うが。

しかし、あだ名は悪いものばかりではない。転校してきたばかりのかおりちゃんに、「ねえねえ、カオリンって呼んでいい？」「うん、いいよ。じゃあ、岡根君のことは？」「みんなオカチンって呼んでるよ」「わかった。じゃあ私もオカチンって呼ぶね」という具合に、あだ名のおかげで二人の距離はグッと縮まりロマンチックなドラマが始まるというケースもある。

いじめの本質から目を背けて表面的な問題ばかり禁止しても、いじめ自体はなくならない。結局あだ名禁止の校則は、ＰＴＡの反対運動もあってわずか数年で消えてなくなった。

一方白い嘘とは、相手のためにつく嘘のことである。これは人間関係における大切なコミュニケーションスキルであり、幸福に生きるための知恵でもある。表現を変えれば、

「フィクション」や「ファンタジー」という素敵な魔法と呼んでもいい。この相手のための嘘をつけるようになってこそ、一人前の大人であると言えるだろう。

例えば、お見合いの断り文句に「私にはもったいない」というものがある。もちろんこれは嘘であり、誰も言葉通りに受け取る人はいないだろう。この言葉からは、相手を傷つけないようにという配慮が汲み取れる。もし、「ごめんなさい、生理的に無理なんです」なんて正直に本当のことを言われたら、膝から崩れ落ちて、二度と立ち上がることができなくなってしまいそうだ。

それほど言葉とは、時としてナイフよりも人を傷つける武器と化す。だからこそ、場合によっては嘘という柔らかい布でくるんでやる必要があるのだ。

また、親ならば愛する我が子の夢を守るために、立派な嘘をついてやらねばならないときがある。

昔、我が家の一番上の子が小学四年のとき、どうやらサンタはいないんじゃないかと気がつき始め、それはまずいと慌てて夫婦で芝居を打ったことがある。

クリスマスイヴの日にわざわざ温泉旅館を予約して、家族五人、手ぶらで出かけた。

実は前もって旅館に相談し、子ども三人分のプレゼントを事前に郵送しておき、夜中にこっそり枕元に置いてもらうお願いをしていたのだ。

その作戦は見事に成功！　クリスマスの朝、目を覚ました長女は、自分の顔より大きなバスケットボールを抱きしめて「サンタさん来てくれた！」と目を真ん丸にして驚いていた。あの笑顔を私たち夫婦は一生忘れることはない。

そんな娘もさすがにその翌年には真実を知ってしまったのだが、幼い二人の弟のために一生懸命サンタの存在を信じるふりを続けてくれていた。

まさに、娘が大人の仲間入りをした瞬間だった。

相手のための嘘は美しい。人間と仲良くなりたいという赤鬼のために悪者を演じた青鬼の嘘。病気の子どもの生きる希望のために、嵐の中、最後の力を振り絞って枯れ木に一枚の葉の絵を描いた老画家の嘘。ナチスの収容所に捕らえられた息子を怯えさせないように、これは戦車をもらうためのゲームであると信じ込ませたユダヤ人の父親の嘘。目の不自由な独り暮らしのお婆さんのために、都会に行ってしまった一人息子からの来るはずのない白紙の手紙を届け、読み続けた郵便屋さんの嘘。

本当のことだけなんてつまらない。映画も漫画も小説も昔話も、その多くは作り話。つまり、嘘だ。しかし素敵な嘘は、世界を面白くしてくれる。優しい嘘は、人を幸せにしてくれる。命がけの嘘は、希望や力を与えてくれる。嘘が一つもない世の中なんて、きっと感動のない世界だ。

そしてまた、恋愛や結婚においても嘘は絶対に必要だと私は思う。

「ずっと愛してくれる?」と聞かれて、「もちろん今は君のことが大好きだけど、一生好きでいるという保証はできない。誰にも未来のことはわからないからね」なんていう言葉など、誰も聞きたくはないだろう。たとえ嘘でも、「君のことが大好きだ。神に誓って絶対に一生君を愛するよ」という言葉を聞きたいし、信じたい。

しかし結婚して数年が経つと、だんだん嘘をついてくれなくなる。なんという怠慢。結婚生活を甘く考え過ぎている。愛情が薄れてきた頃こそ肝心なのだ。決して愛情が薄れたことを真剣に悩んではいけない。間違っても「前ほどあなたのことを愛してない」などと真実を口に出してはいけない。簡単なことではないか!「好きだよ」「愛してるよ」とせっせと嘘をつこうではないか。お金もかからなければ労力もいらない。たったそれだけで、一生夫婦生活が円満に続くのである。

一生一人の人を愛し続けることは難しいが、一生愛していると言い続けることは難しくない。「そんなのは本当の愛じゃない」と言って、真実を語って相手を傷つける方が愛じゃない。残酷な真実よりも、優しい嘘が必要となる場面があるのだ。

嫌いな相手や苦手な人にこそ、優しく接しよう。その人が迷惑な悪人ならともかく、好きとか嫌いなどというのは自分の勝手な感情や解釈に過ぎないのだから。そんなことで人間関係を悪くするのは、全く子どもじみた行為だ。

つまらない話ほど、ニコニコして聞いてあげよう。何度も同じ話をする人には、何度も初めてのように聞いてあげよう。お金がないのなら、そうやって気持ちぐらいおごってやればいいのだ。金も気持ちもおごらないけつの穴の小さな人間になってはいけない。

『ビッグ・フィッシュ』という素敵な映画がある。ティム・バートン監督による傑作の一つだ。子どもに自分の人生の作り話ばかり聞かせる父親と、そんな父親にうんざりしている息子の物語である。

この父親のほら話が、とにかく見事にぶっ飛んでいる。身長五メートルの大男が出てきたり、腰から下が一つにつながっている双子の姉妹が出てきたりと、思わず「そんな馬鹿な」と言いたくなる話ばかりなのだ。

しかし、私は次第にそのほら話にうっとりとし、いつしか心は父親のつく嘘の世界に魅了されていた。

そんな父親が、病院で末期を迎える。それでも父親を理解できないままの息子。

そこで主治医は、息子が生まれた日の話をする。一つはほら話の武勇伝、もう一つは本当のところどうだったのかというリアルな話だ。そして、ドクターは息子にこう伝える。

「事実なんて意外とつまらないだろう？　私は、どちらの話が好みかと言えば、お父さんの話の方だ。その方が面白いだろう？」

本当にそうだと思った。事実だけなんてつまらない。事実に少しばかりの嘘を混ぜたほら話の方が、断然輝いて見える。

確かに「ほらを吹く」ことは、嘘をつくことかもしれない。ただ未来に対してつくほらは、あながち嘘とは言い切れない。トロイの遺跡を発掘したシュリーマンは、発掘するまでの間、大嘘つきのほら吹きと、みんなから馬鹿にされていた。しかし当のシュリーマン自身は、一度も嘘を語ってはいない。彼はずっと未来を予言し続けていただけなのだ。

だからセールスマンは、どんどん未来に対して「ほら」という嘘をついた方がいい。「今月は必ず売上ナンバーワンになってやる」「成功して、でっかいビルを建てるぞ」「歴史に残るような偉業を達成してやる」「十年後には必ず独立するぞ！」

ほらも吹かず、できそうなことしか目標にしない人生なんてまっぴらだ。人生は一度きりなのだ。笑われたっていい。誰に迷惑をかける訳でもない。自分の未来にほらを吹こう。とんでもない大ぼらを吹いて、そしてそのほらに対する覚悟を持つのだ。これこそが、セールスマンにとって必要不可欠な能力なのだ。

命が続く限り、そのほらは決して嘘にはならない。可能性はゼロではないのだから。

円【えん】

円。圓。¥。セールスマンにとって、切っても切れないお金の話である。「お金は汚い」「お金の話は嫌いだ」という人はどこか嘘臭く、信用できない。誰だってお金は大好きなはずである。

ちなみに私の苗字は岡根である。子どもの頃、友だちが母親から「お金、お金言うんじゃありません。はしたない」と叱られているのを、自分のことを言われている気がして切ない思いをしたことがあった。

しかしなぜ「お金、お金」と言うのは、はしたないのだろうか。特にこの日本では、そういう風潮がある。

ここで少し、日本人のお金に対する価値観を考えてみよう。

はしたないとは、慎みがなく見苦しい、みっともないという意味だ。簡単に得られないお金を強く欲することはみっともなく、慎まなければならないということなのか。それでも、幻のツチノコの存在を信じて探し続けている人が「ツチノコ、ツチノコ」と叫んだとしても、はしたないとは思わない。ベンチにすら入れない野球部員が「レギュラー、レギュラー」と言いながら練習している姿は、むしろ応援したくなる。

ではなぜお金だけがはしたないと言われるのだろうか?

いずれにせよ、お金に執着することは意地汚いという思想が日本人に染みついていることは確かだ。しかしそれは、国民のほとんどが非常に貧しかった時代に日本人が生きていくための知恵でもあった。つまりお金自体を汚いと言っているのではなく、お金に執着することを醜いと言っているのだ。「お金のことを言うのははしたない」とは、物質的な豊かさよりも、心の豊かさ、美しく生きるという価値観から発せられた言葉なのであろう。

近年のビジネス書などでは、その日本に染みついた貧しかった時代のお金に対する価値観に警鐘を鳴らし、「お金は綺麗なものだ」「お金を稼ぐことは悪いことじゃない」「お金が全てではないが、たくさんお金があった方が幸せだ」という新しい価値観を啓蒙している。確かにその通りであるし、こうした価値観を否定するつもりはない。社会の仕組みも、経済事情も大きく変わった。

しかし私は、その言葉のどこかに違和感を覚えてしまう。あるいは人生経験が浅そうな人間が、海外思想をコピペしたかのように「ウィンウィン（Win-Win）の法則」とか「大富豪の教え」みたいなことを語っているのを聞くと穏やかでいられなくなる。

いろんな人生経験の末にたどり着いた自分の哲学ならば素晴らしいが、誰かの書いた成功哲学の受け売り文句だとしたら非常に胡散臭い。誤解を恐れずに言えば、出版そのものが単なる金集めになっているようにも見える。「楽して儲けたい」と思っている間抜けな怠け者に書籍を売りつけ、書いた本人だけが儲けようとしているのだとしたら、そのことの方がよっぽどはしたなくみっともない。

お金が好きなのはいいし、たくさん稼ぐのもいい。だが、お金がたくさんあった方が幸せだという価値観には首をかしげざるを得ない。

もし、本気でそんなことを思っているとしたら、お金に対する執着心が異常になる。「お金はいくらあっても困らないし、いくらでも欲しい」「お金があれば何でも手に入る」「どんな問題もお金で解決できる」

確かに今の時代、大概のことはお金で解決できるだろう。しかしこの考えは、美しくない。お金持ちを妬む心も醜いが、お金に対して汚過ぎる人や卑し過ぎる心もまた醜い。お金があろうがなかろうが、どんなときでも美しく生きようとする古き良き日本人の教えの方が私は好きだ。

たとえばたまに贅沢をするのは楽しいが、いつも贅沢をしたいというのは恐ろしい考えではなかろうか？　なぜなら人間は、慣れてしまうと鈍感になってしまう生き物だからだ。鈍感になり、感謝がなくなり、当たり前になる。

お金持ちである私の学生時代の友人が、子どもにも本当に美味しいものを教えなくてはいけないと思い、毎週のように高級寿司屋に連れて行ったそうだ。するとある日「えー、また寿司？」と言われたという。じゃあ何が食べたいのかと聞くと、ファストフードのハンバーガー店の名を連呼したそうだ。たまにはいいだろうとハンバーガー店に連れて行くと、本当に喜んで美味そうに食べたという。これで本当に美味しいものを教えたいという彼の目論見は果たせたのだろうか。

「いいか、寿司なんてもんはな、我々額に汗して働いている人間たちが月に一度か二ヶ月に一度、なんかこう、おめでたいことでもあったときに『さっ、今日は寿司でも食べようか』って大騒ぎして食うもんなんだ。何にもしねえでゴロゴロしている人間が寿司なんか食ったらバチが当たるぞ」

と、このセリフは、映画『男はつらいよ』第十七話「寅次郎夕焼け小焼け」の団子屋のおいちゃんのセリフを少しもじったものなのだが、しかし言い得て妙である。贅沢なものは、たまにしか食べられないからこそ、感謝や喜びが生まれる。貧しいがゆえに、ちょっとしたことが幸せになるのだ。

『男はつらいよ』シリーズは、昭和のベタベタの人情劇の代表格で、好き嫌いはあるだろうが、私は寅さんの大ファンである。寅さんや妹のさくら、とらやの人々は皆貧しいのだが、貧しさを恥じている訳でもなく嘆いている訳でもない。しかし決して貧乏がいいと思っている訳でもなく、むしろお金持ちや贅沢には憧れを抱いているのに、お金に執着がない。この「執着がない」ということが美しく、幸せを感じるために大切な哲学なのだ。

五十作品にも及ぶシリーズの中でも、この十七話は私が最も好きな話だ。お金と幸せについて日本人らしい解釈を描いた傑作であり、私は何度も号泣しながら観ている。

宇野重吉が演じる老人を、寅さんが一文無しのかわいそうな老人だと思って、団子屋のとらやに連れてくる。ところがその老人は日本画家の第一人者、池ノ内青観なる人物であった。とらやを旅館だと勘違いして、わがまま放題にしていた青観は、失礼のお詫びにと子どものスケッチブックに落書きのような絵を描く。

するとその絵が、神田の古本屋で七万円もの大金で売れたからさあ大変。古本屋から帰ってきた寅さんが「さくら、もう暮らしの心配をするこたあないよ。明日から家中面白おかしく暮らすんだよ。それでもし金がなくなったら、二階のじじいにちょろちょろっと絵を描かせりゃ七万円だよ!」と言いながら、七万円全部妹のさくらの手に渡してやる。

何気ないシーンだが、いやこれがいつもお金に困っているくせに、お金に執着をしていない寅さんの人柄を表す名場面なのだ。私が寅さんなら、妹にせいぜい半分、いや一、二万渡すのがいいところだ。

そして、さくらやおいちゃんたちもまた、貧しいくせにお金に執着しない。お礼なのだから貰っておけばいいものを、その七万円を青観の家に菓子折りを持って返しに行くのだ。お手伝いさんのいる大豪邸の玄関先で、風呂敷包みを抱えているさくら。対応している夫人にとっては、七万円なんてはした金だ。それなのに、「あら、そうでしたか」と平然と返してもらう姿に驚いた。夫が身も知らぬ他人の家で二晩もお世話になった挙句、うなぎ代まで立て替えさせたというのに。楽して金儲けできるセミナーで洗脳された人間なら、「やっぱりお金は、お金が大好きな人のところに戻ってくるのね」とでも言いそうな場面だ。

しかしこの物語の見せ場はここではない。物語の後半、太地喜和子演じるマドンナ、芸者のぼたんが悪知恵の働く男に騙されて二百万円を奪われてしまう。出ました、金に汚い人物。法律上の問題がなければ、とことん汚いことを平気でやるインテリやくざ風の男。なんとかお金を返してもらおうと、とらやの皆を巻き込んで奮闘するが、悔しいことに法的手段に訴えてもどうすることもできない。

すると寅さんは、「おいちゃん、おばちゃん、長い間世話になったな」と、店を出て行こうとする。どこに行くのかと尋ねれば「決まってるじゃないか。ぼたんをひどい目に遭わせた男のところだ。野郎、二度と表を歩けねえようにしてやる。裁判所が向こうの肩を持つなら、俺が代わりにやっつけてやる。ぼたん、きっと仇は取ってやるからな。あばよ！」と啖呵を切って店を出ていく。しかし威勢よく出て行ったはいいものの、男の居場所を知らない寅さんは、ばつが悪く帰るに帰れず、店の前をうろちょろしていた。

さくらが、馬鹿な兄に代わってぼたんに謝ると、ぼたんは泣きじゃくりながら語る。

「さくらさん、私、幸せや。もう二百万なんかいらん。私、生まれて初めてや。男の人のあんな気持ち知ったん。私、嬉しい」

可笑しく、悲しく、切なく、そして美しい場面だ。

非力ではあるが、皆がぼたんのために寄り添い、一緒に悲しみ、一緒に戦おうとし、そこには確かに人の温かさという幸せが満ちていた。寅さんの言っていることはめちゃくちゃだが、愛が溢れており、ぼたんの言葉は、負け惜しみではなく、我慢でもなく、心の底から湧いてきた真実の声だろう。

結局ハリウッド映画とは違って、悪人を懲らしめることもできず、取られた二百万も返っては来ないのだが、何とも言えない清々しい気持ちが後に残る。そしてこの美しい在り方を、生き方を、私は日本人として誇りに思う。

人がいて、情で繋がっていれば、たとえお金がなかったとしても、気高く幸せに満ち溢れて暮らすことはできるのだ。

お金は汚いものではない。お金を稼ぐことは悪いことではない。セールスマンである以上、売上を伸ばすのは最も重要なことだ。

ただし、セールスに成功して、たとえどんなにお金持ちになろうとも、この感覚を私たちは忘れてはいけないと思うのだ。ましてや、映画に出てくるインテリやくざ風の男のように、情を失くした卑怯な商売をしてはいけない。

映画は続き、さらにこの後に最大の名場面が待っているのだが、それは観てのお楽しみということで、是非とも映画をご覧いただきたい。

きっとぼたんは、二百万円という「円」よりも、人情に溢れた人の「縁」によって、お金が戻ってくる以上に救われ、幸福だったに違いない。

鬼

【おに】

日本人の鬼に対する解釈が面白い。

一般的に鬼は恐ろしいものだという印象があるが、俵屋宗達の『風神雷神図』を見ると、明らかに風神も雷神も鬼だ。半裸の状態で筋肉は波打ち、耳はとがり、口は耳まで裂け、何より両神ともに立派な角が生えている。どうやら鬼という存在は、西洋のいわゆる神に対しての「悪魔」という位置づけではなさそうだ。

「仕事の鬼」「練習の鬼」「土俵の鬼」という言葉があるように、鬼とは人知を超えたパワーを持つ存在で、ある意味神と同格の存在である。夢中になって一日中仕事ばかりしている人を、「仕事の悪魔」とは言わないだろう。

私の人生にも鬼が登場する。「セールスの鬼」だ。

十九歳になる年、同級生たちが大学に進学する中、私は一人東京に出てきて劇団を旗揚げした。ところが公演間近のある日、劇団員の一人に騙され多額の借金を抱えてしまうことになる。その借金を返済するために、ある学習教材を訪問販売するフルコミッションの仕事に就いた。鬼はそこにいた。

新宿営業所を仕切っていたY部長だ。

当時は、訪問販売をする会社はたくさんあり、その会社も関東中にいくつも営業所を構える大きな会社だった。私が所属したのは、その営業所の中でもダントツの売上を誇る新宿営業所である。ただ、ダントツなのは実はY部長直轄の新宿一課で、私が所属した二課の方は、同じビルの同じフロアではあったが、むしろ一課には入れない落ちこぼれ集団だった。

直轄ではなかったが、私はY部長に一番影響を受けて育った。Y部長は、私がそれまでに出会ったどの人間よりも恐ろしく、激しく、そして面白い人だった。

人間には「喜怒哀楽」があるものだが、Y部長には「哀」と「楽」がない。朝一番から怒鳴っていたのに、突然ご機嫌になり、子どものようにはしゃぎ出したかと思えば、また何かの拍子にブチ切れる。まるで振り子のように「喜」と「怒」を繰り返す。季節で言えば、夏と冬しかない、そんな人だった。

お金にはかなりシビアで、人が買ってきたものは、まるで自分のもののように勝手に飲んだり食べたりするのだが、決して人におごることはなく、貸したお金は十円であろうときっちり取り立てる。

私はなぜかその部長に気に入られ、銀座の寿司屋に連れていかれた。営業所始まって以来のちょっとした事件だった。

私は、回転していない寿司を食べるのは初めてのことで、しかも銀座の超高級寿司屋とあって、どんなに美味しいものをご馳走してもらえるのかとワクワクしていた。

しかし様子がおかしい。Y部長は「部長は、かっぱ巻きが好きだ」と言って、かっぱ巻きばかり注文するのだ。「好きなものを注文しろ」と言ってはくれるものの、いくら図々しい私でも、部長がかっぱ巻きしか頼まないならそれ以外は注文できない。ガラスケースの中で宝石のように光っているウニやイクラや大トロを横目に、Y部長に合わせてかっぱ巻きだけを注文し続けた思い出がある。

もし年齢が近かったとしても決して友だちになりたいとは思えない、そんなY部長ではあったが、セールスに関する全てのことは、誰もが認める超一流であった。

当時やっていたセールスは、現役高校生の家に訪問して、学習教材を販売するというものだった。アポインターがいる訳でもなく、セールスマン自身が自分で電話をかけてアポイントを取り、契約までの全てを一人でやる。給料は完全歩合給。つまり固定給ではなく、売った分の何パーセントかが給料になるという形態だ。

会社としては、売れない社員がいくらいても給料を払う必要がないのだから全く問題にはならない。売れない社員は給料が少ないから勝手に辞めていき、会社に残るのは実力のある社員だけという、会社にとってはなんとも都合のいい仕組みであった。

だから入社面接は甘く、少々おかしな人でも面接は通る。しかも面接は毎週行っているため新人がどんどん入ってくる。どんどん入ってきては、どんどん辞めていく。まさに、強い者だけが生き残れるというサバイバル状態であった。会社の営業所というより、山賊たちのたまり場という感じだった。

その山賊たちが、一瞬にして背筋を伸ばす存在が、Y部長という親分だ。

そのセールスにおいて最も難易度が高いのは、なんといってもアポイントを取る業務だ。名簿順に片っぱしから電話をかけるのだが、ほとんど話は聞いてもらえず、会社名を言った途端に「結構です」とガチャ切りされる。それもそのはず、当時お客さんの家には、いろんな会社から同じような電話が毎日何度もかかってきていたのだからしょうがない。たまに話を聞いてくれても、訪問日時を決めようとすると「考えておく」と保留になる。そんなことを朝からずっと繰り返していると、やる気は日向の雪だるまのように溶けてなくなっていく。ベテランの社員といえども、アポイントを取る作業は骨が折れるのだ。

そこへY部長が帰ってきて喝を入れる。「貴様ら、何やっとるんだ。アポなんか簡単に取れ！」と怒鳴りながら、もたもたしている社員の名簿を取り上げると、あっと言う間にアポイントを取ってしまうのだ。

「あ、あ、〇〇君のお母さんですか？　私〇〇進学教室のYと申しますけど、今〇〇君の地域ぐるぐる回ってるんですけど、ちょっと○○君の家がわからなくなっちゃって、ごめんなさいね。あ、そうじゃないんです。みんなのところに資料をお配りしてるんですよ。そうそう、だからねお母さん、ちょっとお家の行き方教えてくれます？ うん。うん。あ、それで○○君何時ごろ帰ってきます？ あ、そう。じゃあもうすぐだね。会えるかな。会えたら嬉しいな。じゃあ、お母さんちょっと待っててね。すぐ行きますからね」

と、こんな感じだ。今なら問題になってしまいそうな、しかも何を言っているのかよくわからない電話だが、これでマジシャンのようにアポイントを取ってしまう。そして、ほぼ百発百中である。相手もなぜアポイントを取られたのかよくわかっていない。しかしこんないい加減なアポイントで、契約が取れる訳がないと思ったら大間違い。それこそ契約成功率九十パーセント以上なのだ。その上、キャンセルもクーリングオフもほとんどない。まさに、セールスの鬼。

　そして部下には相当厳しかった。個人部門でも営業所部門でも、とにかく何でも一番でなければ気が済まなかったからだ。

一見でたらめに見えるプレゼンテーションも、実は物凄く理論武装されており、常に新しいトークを開発したり、心理学を研究したりしていたのだ。

鬼は、妥協を許さない。思った通りに行かないと、子どものように悔しがり、どこまでもしつこくこだわり通す。

鬼は、人の目を気にしない。人から変だと言われようが涼しい顔をしている。誰よりも自分自身が一番変だということを自覚しているからだ。

鬼は、本気で怒り、本気で喜ぶ。血沸き肉躍り、いつだって全力で生きている。だから哀も楽も必要としない。

鬼として生きるのは楽ではない。人からは誤解され、怖がられ、それでも自分の信念を貫き通す覚悟がなければ鬼にはなれない。鬼コーチ、鬼教師、鬼軍曹。いずれもドラマなどでは皆から恐れ嫌われる存在だが、鬼から逃げなかった主人公は、鬼によって鍛えられ、成長し、その結果、当初は無理だと思われていた身の丈を超えた目標を最後には達成するのだ。

すぐに暴力を振るうような悪い鬼は退治されなければいけない。しかし、神だとおだて奉られ、いい気になっている人間よりも、私は鬼として生きていきたい。優秀なセールスマンや、次世代を担うリーダーを育てる鬼となり、くそジジイと呼ばれてもビシビシ厳しく鍛えていく。「今時そんなの流行らないぞ」と言われるかもしれないが、そんなことはお構いなしだ。なぜなら、鬼には流行るも何も関係ないからだ。

鬼とは、人としての平凡な幸せを生きる道を捨て、ただひたすらに自分の信じる道を極めようとする魂のことだ。よく見れば、魂という漢字には鬼が入っている。魅力も魔法もそうだ。ならば、もう鬼は怖くない。

次の節分の日には、「鬼は外、福は内」ではなく「福は内、鬼も内」と言ってみてはどうだろう。鬼は、神と同じような存在なのに、鬼というだけで迫害を受け続けてきたのだ。たまには労わってやろうではないか。

そして、この本を手にしているあなたも、あなたの中で眠らせている鬼の種を目覚めさせ、非凡でとんでもない影響力を持つセールスの鬼となるのだ。

神【かみ】

秀次「おまえ、神様っていると思うか?」
三郎「さあ……俺、そういうこと……。先輩いると思いますか?」
秀次「昔ある人が俺に言ったよ。法律に背くのは怖くない。けど、神様にだけは背きたくない」

これは、昭和の傑作ドラマ『前略おふくろ様』の第一話のワンシーンである。脚本は、あの『北の国から』で有名な倉本聰だ。
山形の蔵王から上京して、深川の料亭で板前修業している若者「三郎」を演じているのは、ショーケンこと萩原健一で、その先輩の板長「秀次」が梅宮辰夫だ。秀次は、足を洗ったとはいえ元やくざなのだが、情に厚い料亭の女将がそれを承知で店に住み込ませ、彼に板場を任せていた。

そんな中、秀次のやくざ時代の兄弟分が事件を起こしてしまう。警察に追われた兄弟分は、秀次に助けを求めて夜中に電話をかけてくる。深夜の料亭に鳴り響く電話のベル。秀次は布団に伏せたまま黙って天井を見ている。その隣で寝ている三郎が、自分が電話に出た方がいいのか、出ない方がいいのかどぎまぎしている。

そんなときに秀次がぽつりと独り言のように語ったセリフだ。

男気のある秀次のことだ、自分に助けを求めてくる兄弟分なら法を破ってでも助けてやりたいだろう。反対に見捨てたとなれば、秀次の男が廃る。しかし秀次は動かない。電話に出ようとする三郎を制し、「寝よう」と目を瞑る。

秀次の言う神様とは、西洋の神様とは違う。

料亭の女将さんや一緒に働く仲間、そして深川に住む人たちが自分にかけてくれた情のことだ。やくざ者の自分を優しく受け入れ、人として接してくれ、頼りにさえしてくれたその気持ちを裏切ることは、人間を辞めるということなのだ。

そう考えれば、私たちの周りにはたくさんの神様がいる。人から受けた恩、その一つひとつが神様なのだ。人だけではない、自然から受けた恩恵もまた神様だ。

日本人はよく無宗教だと誤解されているようだが、無宗教でも無神論者でもない。昔から「お天道様が見ている」という言葉があるように、日本の神様は人やモノ、現象に宿る。私の生まれ故郷、和歌山の那智では、日本一の滝が御神体として祭られている。また他の地域でも樹に神が宿り、岩に神が宿り、川に神が宿りと、西洋の一神教とは違って、日本の神話にはたくさんの神様が出てくる。日本の神様は喧嘩もするし、嫉妬もする。ある意味、人間らしい存在である。あの天照大神でさえ、いじけて天の岩戸に隠れてしまう。私も小さい頃、母に怒られるといじけて自分で押入れの中に入っていたそうだ。

神様といえども矛盾を孕んでおり、中には死神や貧乏神、疫病神という悪いものまでもが神様だ。この、矛盾を孕んでいるというところが実にいい。

好きなのに嫌いな態度を取ってしまったり、いけないと思いながらもやってしまったり、人間も神様も不完全だから愛おしい。不完全だからこそ許し合い、助け合う。

人を思いやるという小さな神様の存在に気がつけば、案外平凡だと思っているこの日常も感動でいっぱいになるのかもしれない。

先日、ネットで「実話の人情話」というのを見ていたら素敵な話があった。

大きな病院の男子トイレのドアの裏側に「入院して二ヶ月　治らない　もうだめだ」と書かれていたらしい。二週間後にそのドアを見ると、「頑張れ」「必ず良くなる」などの励ましの言葉でいっぱいになっていたそうだ。その後、他のドアはペンキで塗り直されたが、そのドアだけは塗り直されずにそのままだったという。

矛盾だらけで不完全ではあるが、この世界には小さな優しい神様がたくさんいる。それは、私の中にも、あなたの中にもいる。

それとは対照的に、一神教の神様の特徴は、絶対的な「善」であることだ。

すると物事の判断基準は「善か、悪か」「正しいか、正しくないか」となり、何事も白黒はっきりさせようとする。完全な神に対し、不完全な人間は悪であり、性悪説が生まれる。生まれながらにして人は罪を背負っており、その罪を償うために労働をし、常に懺悔の気持ちを持たなくてはならない。絶対的な存在の前で人間は、無抵抗になるしかない。

なるほど、人を支配して服従させるには都合のいい解釈だと言える。世界の歴史を振り返って見てみれば、頭の良い権力者たちが、宗教を利用して民衆をコントロールしてきたことは明白だ。

宗教を非難しているのではない。宗教によって救われる人がいるのも事実だからだ。宗教とは信じる力であるというならば、私は大いに歓迎する。しかし、宗教の中にある「完全」や「絶対」という矛盾に目を向けず、妄信してしまうことは危険だと思う。

そもそも善悪などというものは人間が作り出した価値観であり、そんなものは自然界には存在しない。羊の群れを襲うオオカミは、決して悪の存在ではないだろう。

気をつけなくてはならないのは、善悪や正しさというものは、立場が変われば入れ替わってしまうということだ。若者にとっての善が老人にとっての悪であったり、老人にとっての善が若者にとっての悪であったりするように、私にとっての善が、必ずしも相手にとっても善であるとは限らない。

つまり、「絶対的な善」などというものは存在しないということだ。

そのことに気づかないまま、自分にとっての善を信じ込んで商売やセールスをしたらどうなるだろう？　自社商品を妄信して売り込めば、たちまち悪い噂が立つに違いない。

例えば、「何でそんなものを使っていらっしゃるんですか？　世の中には似たような商品がたくさんありますが、私どもが扱っている商品以外は価値がありませんよ」などといきなり言われて、その後の話を快く聞けるだろうか？　私なら一瞬にして心を閉ざしてしまい、拒絶する。

どんなにいいものを扱っていても、話を聞いてもらえなければ商売はできない。情熱だけで商談が成功するほどセールスは甘くないのだ。心理学を無視してセールスは成立しないのである。

だからと言って、自分の商品やサービスを信じるなということではない。自分の扱っているものしか信じない一神教になるなと言っているのだ。

自分の商品やサービスをよく知り、揺るぎないプライドを持ったうえで、自分にとっての「善」だけではなく、相手にとっての「善」や、互いの成果を真剣に考えられるセールスマンこそが、商売の神様に愛される存在になるのだ。

傷【きず】

「身体の傷なら治せるけれど、心の痛手は癒せはしない」とは、昔流行った歌謡曲の歌詞だが、近年心の病、特に鬱病で休職したり、退職したりという話をよく耳にする。

セールスの世界、中でもフルコミッションという固定給のない完全歩合給のセールスマンは、売れない日が続くと、次第に心が病んでくる。

会社に戻れば「役立たず」「落ちこぼれ」と罵られ、家庭に戻っても家賃の支払いや、ローンの返済ができず、子どもにおもちゃの一つも買ってやれない。自分という人間の存在価値がわからなくなってしまうのだ。

私の三十年来の友人も、十年くらい前から鬱病を発生し、毎日大量の薬を飲んでいる。本人の苦悩もさることながら、その家族もまた大変な思いをしている。

文科省の発表によると、公立学校の教職員の精神疾患の数は、毎年五千人前後いるそうだ（平成二十五年度〜平成二十九年度）。特に東京都が圧倒的に多い。主な原因は、学級崩壊や生徒からの暴言、モンスターペアレンツからのクレームだという。さらには報道でも明らかになったように、同僚の教師からの誹謗中傷やいじめだ。

目を疑うような教師によるいじめのニュースに驚いた人も多いだろうが、この大人のいじめ問題は、学校だけにとどまらず、企業や役所、社会全体でも同じことが起こっている。

子どもも大人も、最近のいじめる側は昔のように肉体を傷つけるのではなく、発覚しにくい心を傷つける傾向にある。特に卑劣なのは、ＳＮＳを利用した匿名による誹謗中傷だ。「指殺人」なる言葉が生まれたように、スマホで送られた「死ね」という文字で、本当に自殺してしまう人がいる。とても悲しいことだが、それほど言葉には魔力がある。

魔力とは、魔法のような力のことだ。この魔法には、人を不幸にする悪い魔法と、人を幸せにする良い魔法がある。

昔、私の兄がまだ医学生の頃、ヒマラヤ登山隊に同行してヒマラヤを訪れた際のことだ。登山家がヒマラヤ級の山にアタックするときには、必ず医者が同行しなければならないのだが、そんなリスクを冒す医者は滅多におらず、大抵は兄のような無鉄砲な医学生がその役を買って出るそうだ。

話は登山口に当たるネパールの、ある小さな村に着いたときのことである。その村は非常に貧しく、医者もいなければろくな薬も売っていない。そこにははるばる先進国から優秀な医者が登山隊とともにやってきた、と間違った噂に歓喜した村人が押し寄せて、「先生、診てくれ」と大行列ができたそうだ。

傷が膿んで悪化した者や、ひどい火傷を負った者、毒虫に刺された者など、重症な人たちの多さに驚いたそうだが、薬剤は隊員たちのための最小限しか積んでいない。困った挙句、兄は荷物の中から業務用の巨大な歯磨き粉を取り出して、「これはどんな怪我でも治る万能薬だ。さあ、順番に塗ってあげよう」と堂々とほらを吹き、「何もしないよりは、まあ消毒くらいの価値はあるだろう」と、まやかしの治療をしたのだった。

しかしそれから約一ヶ月後、ヒマラヤを下山してもう一度その村にたどり着くと、またもや村人たちが「ドクター」と叫びながら押し寄せてきたそうだ。「また来たか」と身構えた兄だったが、前回とは違って、皆満面の笑みである。

「先生のおかげで傷が治った！」「先生、ありがとう」「綺麗になったよ、先生」と、驚くことにあんなにひどかった患部が、ほとんど治ってきていたのである。特に驚いたのは、前腕の真ん中からぽきんと折れていた若者の腕が、綺麗にくっついていて、「ほら、先生見て！」と、腕をぶんぶん振り回している姿であった。「嘘だろ」と思わずつぶやく兄、常識では到底考えられないスピードで傷が治っていたのだ。

なぜ適切な治療ではなかったにもかかわらず、そんなに早く治ったのかという謎は、科学的には証明できないかもしれない。しかし、村人たちは兄が発した「万能薬」という言葉を純粋に信じたということだけは、間違いのない事実である。

なるほど、言葉には魔力がある。

お母さんが、子どもに「痛いの痛いの飛んでけー。ほら、飛んでった」というのもその一つだ。大好きなお母さんにそのおまじないを唱えてもらうと、不思議なことに本当に痛くなくなったものだ。良い魔法の言葉には、人を幸せにする力が確かにある。

そして、悪い魔法の言葉には、人を不幸にする力がある。

奈良時代や平安時代には、本当に言葉で相手を呪うことができたという。呪いとは、自由を奪うこと。呪いにかかった者は自分の意思通りには動けなくなり、「お前は祟られているから死ぬ」と言われると、本当に数日後に病気で亡くなったりしたのだそうだ。

祟りなんてばかばかしいと思うかもしれないが、しかし、これと同じことが現代でも起きているではないか。

「あなたなんか嫌い」「いなくなればいいのに」「死ね」これらの言葉の呪いにかかってしまうと、正常な思考ができなくなってしまう。言葉には、折れた骨がくっついてしまうくらいの力があるのだとしたら、人を死に追いやることだって容易いことだろう。

また、意外なことに「好きだ」「愛してる」というのも同じく呪いの言葉であり、その呪文をかけられると冷静な判断ができなくなる。恋愛詐欺師やヒモと呼ばれる人間の常套手段だ。恋人や夫婦、家族ならいざ知らず、そんな言葉を連呼する夜のお店には十分気をつけなければならない。冷静に考えれば、その人のことが好きなのではなく、その人が運んでくるお金が好きなのだから。

もし誰かの心無い言葉によって「自分なんか存在しない方がよかった」という呪いにかかってしまったら、フランク・キャプラ監督の『素晴らしき哉、人生！』という映画を観ることをお勧めする。白黒映画ではあるが、そんな呪いを解き放つ素晴らしい映画なのだ。いや、呪いにかかっていなくても観た方がいい。自分がこの世に存在する価値というものを、ど真ん中のストレートで、観る人の心に届けてくれる。この映画を観ないで終わる人生なんて、学生の頃告白できずにいた相手と実は両思いだったという事実を、五十歳を過ぎた同窓会で知ることになるくらいもったいない。

歴史上、いじめのない社会は存在しない。人の心を傷つける言葉の暴力というものは、きっと人類が続く限り完全に無くなることはないのだろう。悲しいことだが、そんな理想をただ願っていても仕方がない。もちろん解決に向けた具体策に取り込んでいくことは重要だが、今やインターネット社会、匿名による言葉の暴力はむしろさらに増えていくだろう。

き

恐ろしいのは、傷つけている側には、そこまで強烈に傷つけているという認識がなく、悪戯や遊びの延長であったり、中には正義感であったりすることだ。

ならば、理不尽かもしれないが、傷つけられる側がメンタルを鍛えるしかない。悪いのは間違いなく傷つける側だが、他人や社会に守ってもらおうなんて甘い考えは捨てて、自分自身も強くなることだ。負の呪文になどかからないような、強くてしなやかなメンタルを作り上げるのだ。

そのコツは「深刻にならない」こと。

鬱になる人の多くは、真面目過ぎる傾向にあるようだ。私のようにふざけている人間が鬱になったという話はとんと聞いたことがない。

数年前に小学生時代の同窓会があったのだが、その中の一人がこう呟いた。

「あのさあ、今から思えばさ、俺あのとき鬱だったと思う」。ネットで鬱の症状を見て、その頃の自分が全て当てはまったのだそうだ。確かに彼は小学生時代のある一年間、まるで人が変わったように暗くなっていたことがあった。しかし当時は「鬱」という言葉がなかった。あったのは「ノイローゼ」という言葉くらいで、それは病気というよりは、勉強のし過ぎなどによる神経衰弱のような意味合いで、彼は全くそれには当てはまらなかった。そのため周囲はおろか本人でさえ、その状態が病気であるとは思わなかったのだ。「あいつ最近暗いな」「失恋でもしたんだろ」という感じで、誰も深刻には捉えておらず、その結果、一年後にはまたいつの間にか昔のように明るい彼に戻っていた。もちろん病気という認識がなかったため医者にかかることもなく、薬も飲まず、その後も発症してはいない。

もし、あのとき彼に鬱という病名がつけられていたら、事はもっと深刻になっていたに違いない。

おかしな話だが、鬱という症状はあっても、鬱という名前がなければ、この世に鬱は存在しないのだ。鬱という状態は本当に大変だと思うが、それ以上に、鬱という言葉の呪いの方が恐ろしいと思うのは私だけだろうか。大体「鬱」という漢字が恐ろしい。知り合いや同僚が鬱になったと聞けば、心がざわついてしまう。

病気の名前をつける人は、もっとセンスを磨いて欲しい。これからは、鬱のことを「疑似失恋」と呼んでみてはどうだろう。

患者「先生、私の病気は何ですか？」
医者「ああ、あなたは『疑似失恋』にかかってますね」
患者「疑似失恋？」
医者「そう、疑似失恋。ほら、失恋すると何にもやる気がしなくなるでしょ」
患者「ええ、まあ」
医者「自分なんかいなくなっちゃえ、なんて思ったり。あなたは今、そんな感じですよ」
患者「でも私、失恋なんかしてませんよ」
医者「だから疑似なんですよ」
患者「なるほど、治りますかねえ？」
医者「まあ、一週間くらい南の島にでも行ってきたらどうです？」
患者「南の島ですか……」
医者「仕事のことなんか放っといて、しばらくゆっくりしてればいいんじゃないかな」
友だちに鬱だと聞かされると、どう対応すればいいのかあたふたするが、疑似失恋だと言われれば、「何だよ、心配したけど疑似失恋か。よかったよかった」という具合になる。本人もまた「失恋と同じか……。じゃあしょうがないか。ま、そのうち治るだろう」と、深刻になり過ぎずに済むのではないだろうか。

とかく今の時代、みんな真面目過ぎてすぐに深刻になる。仕事でも、真剣になるのはいいことだが、深刻になってもいいことはない。もう少し「いい加減」でもいいのではないだろうか。例えば、深刻になりそうになったら思いっきり解釈を変えて面白がってみる。ＳＮＳなどで誹謗中傷されたとしたら「やった！　私もついに人気者の仲間入りをしたんだ」と解釈してみるのだ。巨人が三連敗したらスポーツ新聞で叩かれまくるが、私が愛するドラゴンズが三連敗しても叩かれない。つまり人気があればあるほど、逆に叩かれもするということなのだ。

セールスも同じだ。断られたからといって、深刻になる必要はない。ゲーム感覚で面白がりながら、どんどん挑戦し、程よく傷つけばいい。それがまた、次に進むための原動力となる。

そもそもよく考えてみて欲しい。誰にも断られないセールスほどつまらないものはないだろう。たいした努力もなく成約ばかりが続いたら、何一つ成長することもない。第一、ドラマチックではない。

傷つくということは、磨くことにも通じる。磨かずに輝くものはない。たくさん傷つけば傷つくほど、あなたは光輝いていくのだ。

ふざけたことを言うなと怒る人もいるだろうが、私にとっては、ふざけるのも目的に向かうための立派な手段。人生なんてそんなに深刻にならず、適度にふざけながら一生懸命に生きればいいのだ。

癖【くせ】

癖が強い人を嫌う人も多いだろうが、誠に遺憾である。

癖とはその人の色であり、匂いであり、味である。

時代のせいだろうか。最近は無味無臭が好まれる。男性も中性的な、あるいは女性的な人がよくモテる。下駄を履いて歩くような昭和のバンカラ風は疎まれるに違いない。ちなみにバンカラとは、おしゃれとは対極にあり、下駄を鳴らしてぼろをまとい、肩で風を切って歩くような男くさい風貌のことである。

臭いものはもう何でもダメである。最近は男子も消臭スプレーを持ち歩き、せっせと脇の下にふりかけ、フリスクをがりがりかじっている。煙草の臭いはもう最悪で、都内はどこに行っても禁煙である。「喫茶店なのに禁煙とはどういうことだ！　喫煙とお茶で喫茶だろ！　喫茶の喫はどこに行った！　じゃあもう喫茶店じゃなく茶店にしろ！」などと暴言を吐いていたら、大人びた紳士の方が、「喫茶の喫は、吸うという意味もあるけれど、飲むという意味もあるんですよ。ですから喫茶店というのは、お茶を召し上がる所ということなんです」と静かに教えてくれた。いや、大変申し訳ない。とんだ無知を晒してしまった次第である。

しかし癖がないということは、つまり個性的ではないということだ。確かにテレビを見てみれば、アイドルの子たちは、男も女も一様に綺麗で可愛らしく清潔感があるのだが、個性があまり感じられない。誰と誰が入れ替わったとしても、見分けがつかないのは、私が歳を取ったせいばかりではないだろう。

先日、あるアンケート結果を見て驚いた。中学生が言われて悪口だと感じる言葉の上位に「個性的」というのが入っていたのだ。信じがたいが、事実そうなのだ。個性に興味がなく、皆と同じで無難がいいということはわかる。しかし、もはや個性は悪であり、個性的という言葉が悪口になっているとは、驚きとともに怒りが込み上げてきた。

いや、それは違う！
個性は悪いものじゃないぞ！

拝啓
個性は悪いものだと思っている中学生の諸君

確かに人間は、異質なものに対する恐怖というものを本能的に持っている。特に日本人は、多民族が交じり合っている海外の国の人とは違い、単一民族の島国だった故にその傾向は特に強いだろうね。海外にはない、日本人独特の「ひやかす」という行為も、異質なものを排除し、皆と同じようにさせることで安心を得ようとする、日本人の知恵だったんだと思う。

しかしそれは鎖国時代の話。もうその考えは古い。結婚してお歯黒を塗るということくらい古いよ。

このグローバル化したＩＴ時代、人間は個性が命になってくるんだぜ。ホントだよ。個性のないアイドルや役者は、そのうちＡＩのアイドルや、ＣＧの役者に取って代わられてしまうよ。それはね、僕たち商売をする人やセールスマンだって同じことなんだ。その人自身に魅力的な個性がなければ、お客さんはその人からは買わないよ。だったらネットショップで充分だからね。

ただ無難に美味いだけのラーメンなら、コンビニに売ってるインスタントラーメンでいいだろ。もう十分に美味いよね。流行っているラーメン屋のラーメンを見てごらん。めちゃくちゃ辛かったり、全く具が入ってなかったり、トマトとかパイナップルとかありえない具材を入れてたり、ものすごく癖が強く個性的だぜ。納豆でも、くさやでも、ドリアンでも、ゴルゴンゾーラチーズでも、みんなとんでもなく癖が強いだろ。だから嫌いな人も続出する。だけどその反面、大ファンを作ることができるんだよ。

動物園に行って、人気のある動物を見てごらん。象の長い鼻、キリンの長い首、ライオンのたてがみ、どれもみんな独特の個性だろ。パンダは、白黒だから可愛いんじゃないの？　でも、もし君が朝起きて鏡を見たときに、パンダみたいに目の周りが真っ黒になってたら、もう恥ずかしくって表を歩けないよね？

そうやって人間だけが、他人とは違う自分の特徴を恥ずかしく思い、コンプレックスにしてしまうんだ。個性的な部分を消し去って、皆と同じであることで安心したいんだ。

地方から上京してきた人の多くは、自分のお国訛りを恥ずかしがるよね。とんでもないことだよ。大阪人を見てごらんよ。東京に何年いても、堂々と関西弁を貫き通しているでしょ。中には関西弁が苦手、という人もいるけど、そんなこと気にしないで関西弁でべらべら喋ってる人の方が好感持てると思わないかい？

方言は、自分の育った故郷の言葉なんだ。江戸時代の花魁じゃあるまいし、故郷がばれて何が恥ずかしい？　郷土愛があるのなら、誇りを持って方言で話せばいいと思わないかい？

もちろん中には「この田舎もんが」と馬鹿にする人はいる。でもそういう人に限って、その人自身、田舎者であることが多いし、だいたい出身地や見た目や身分で差別をするような人なんか、君がこれからの人生で付き合っていく大切な相手ではないでしょ！

いいかい？　君が今勝手にコンプレックスに感じているもの、つまり人とは違う君の特徴的なところは、磨けば君の最大の武器になるものなんだよ。磨くとはどういうことかわかるかな？　コンプレックスな部分を忘れることではないんだぜ。捨て去ることでもないし、付け替えることでもない。君の特徴的なところを磨くとは、君の特徴に対する解釈を深めて、長所だと気づくことなんだ。

たとえば、ここにとても不細工に生まれた女の子の話があるとしよう。

彼女は鏡を見るたびに落ち込み、学校では不細工であることを笑われ、もう生きているのが嫌になっていました。ちょっとやそっとの整形ではどうにもならないレベルの不細工だったので、もう忘れてしまおう、一生鏡を見るのをもめようと思いましたが、周囲は彼女のことをからかったり、笑ったりすること

を止めません。美人にしてくれとは言わないけれど、せめて人並みの無難な顔にしてほしいと神様に懇願しましたが、その願いも叶いません。

このままでは将来まできっと笑われ続け、結婚もできなければ就職だってできないに違いない。

その辛さに耐えられなくなった彼女は、もう死んでしまいたいと思うようになりましたが、あるとき突然、素敵な考えが降りてきました。

「ちょっと待って。そんなにこの不細工な私のことが可笑しいのなら、いっそのことお笑い芸人になってみたらどうかな？」

数年後、お笑い芸人としてデビューした彼女は、自虐的なネタを武器にして瞬く間に人気者となり、毎日のようにテレビに出演し、女優の仕事や、ワイドショーのコメンテーターまでこなし、いつの間にか億万長者となり、おまけにイケメンの年下の旦那までゲットするのでした。おしまい。

実際の自虐ネタをしている人気女芸人にそんな過去があったかどうかは定かではないけれど、何かを感じてもらえたかな。

少なくとも自分の最大の特徴を最大の武器として活かしていることは間違いなさそうだね。それはもうコンプレックスなどではなく、大切な商売道具であり、愛すべき個性なんじゃない？　もちろん、そのことに気がつくまでの過程は、決して平坦じゃなく、計り知れない苦しみがあっただろう。でももし、今頃神様が現れて、「お前を普通の無難な顔にしてやろうか」と言ったら、彼女はどうするかな。間違いなく「ふざけるな、とっとと帰れ！」と言い返すだろうね。

もうわかってきたね。たとえば「不細工」というのは単なる特徴で、そのこと自体はいいことでも悪いことでもなく、人間が勝手にいいことだと解釈したり、悪いことだと解釈をしたりしているだけなんだ。他にもたとえば、なかなか決断できない人のことを、優柔不断と解釈すれば短所になるけど、思慮深いと解釈してみたら長所になるだろう？どんなものだって、長所にも短所にも、どっちにも解釈できるんだぜ。

死んでしまいたいと思うほどの「不細工」という自分の特徴が、億万長者にまでしてくれる素敵な個性かもしれないんだ。

背が低い、生まれつき色黒、手先が不器用、引っ込み思案、目立ちたがり。人にはいろんな癖や特徴があるよ。決して君と同じ人はこの地球上に一人もいない。みんなが違うから面白いのさ。全員ハーモニカで演奏するよりも、いろんな楽器で演奏するオーケストラの方が楽しいよね。全部赤だけの色鉛筆よりも、何色もあった方がいろんな絵が描けるよね。

全部同じ、みんな一緒で個性も何もなかったら世界はつまらないよ。

さあ、だから君自身のコンプレックスも、解釈を磨けば、もしかしたらすごく素敵な個性を発揮するかもしれないよ。もしうまく解釈ができなかったら、売れてるセールスマンに質問してみたらいい。売れてるセールスマンは、皆解釈の天才だからね。

人生はね、君が思っているよりずっと長いし、でっかいし、そしてめちゃくちゃ面白いんだぜ。

敬具

ちょっとだけ人生の先輩より

計【けい】

計画は立てない。私の人生のこだわりの一つである。
計画とは、あらかじめ未来のことを決めておくことだ。

「計画的な人生設計」みたいなものには、私は魅力のかけらも感じない。人生に目標やテーマがいらないと言っているのではない。目標やテーマは大きく掲げればいいし、そもそも「計画は立てない」というのが、私の人生のテーマである。
目標は持っても、計画は立てない。人生は、先がわからないから面白いのだ。映画にはシナリオが必要だが、人生にシナリオはいらない。未来が計画通りにやって来て面白い訳がない。予定通りの未来というものにメリットがあるとすれば、安心感くらいのものだ。

いや、一度しかない人生を安心して過ごしてどうする。不安もなければ心配もない。冒険もなければ挑戦もない。ただただ安心で、無難に平凡に生きるなんて頼まれたって御免こうむりたい。

人生は、無計画で、出たとこ勝負でいいのだ。

計画などを立ててしまったら、未来の選択肢は一つに絞られてしまう。そんな人間のメンタルは自ずと弱くなる。計画通りに事が運べばまだいいが、人生そんなに甘くない。もし、計画通りに行かなかったらどうなる？

その時点で計画は失敗。道が閉ざされたように感じて、挫折してしまうではないか。禁煙に失敗する者、ダイエットに失敗する者、受験をあきらめてしまう者。これらは皆、計画をしたから挫折をするのだ。勝手に敗北感を背負い、勝手にみじめな気持ちになり、そして人生はどんどん深刻になっていく。

ビジネスセミナーの講師にもそのような輩がたくさんいる。準備をするのは大事なことだが、一生懸命に計画を立て過ぎて、話す内容を一字一句間違えないように暗記して、いざ本番を迎えてパソコンが動かないだけでもうパニックだ。予定外のことに対応できないのなら、答えの書いたテキストをただ配るだけで十分だろう。

人前で話すのが苦手だという人も同様だ。なぜ緊張してあがってしまうのかといえば、完璧な計画を立ててしまうからなのだ。計画などしてしまうから、計画した通りに正しく話さなければならないという強迫観念にかられてしまうのである。正しさに拘束された人間は、自由を奪われ、呼吸は浅くなり、平常心を失い、恐怖に支配されてしまう。

そんな人がうまく喋れるはずがない。たとえば自由を奪われ、平常心を失い、恐怖に支配されてしまった人が運転する車には、怖くて同乗できないだろう。なぜなら間違いなく事故を起こすからだ。

それに対して無計画な者は、無敵である。障害やトラブルがあっても、「こっちがダメならそっちの道、そっちもダメならあっちの道」と、選択肢が無限にあるからだ。

禁煙にしたって、思いつきで始めればいい。別に計画なんか立てていないのだから、もしも途中でまた吸いたくなったら、吸ってしまえばいいのだ。それは挫折などという大げさなものじゃなく、ただ「気が変わった」だけなのである。

失敗したくらいで挫折していられるほど人生はお気楽じゃない。車で道を間違えるたびに挫折していたら、どこにもたどり着けない。さっさとリルート機能で、別の道を行けばいい。

高校一年で学校を辞めて、劇団を立ち上げたときも行き当たりばったりだった。何の勝算もある訳ではなく、ただ「劇団をやりたい！」という思いだけで行動を起こした。世間ではそれを「馬鹿で無鉄砲」と言うらしいが、確かにその通りだ。もし戦争中なら、私は間違いなく一番初めに敵陣に突っ込んで死んでいる。

（講談風に）ところが時代は昭和五十六年、経済成長真っ只中の日本。鉄砲の弾が飛んでくるはずもなく、高校から大学、大学から大手企業に就職などという予定調和の世界を飛び出し、岡根芳樹はたった一人、未知なる大海原へと舟を漕ぎ出すのであった。ぺぺんぺん！

しかし無計画な人生を送るのなら、一つだけ重要なポイントがある。このポイントを外している者が無計画に事を起こすと痛い目に遭う。物やお金をなくすくらいならまだいいが、最悪「人としての信用」をなくしてしまう。
それが嫌なら、残念ながら予定調和の世界で予定通りの人生を真面目にコツコツ生きるしかない。いや、そんな生き方をバカにしたり、悪く言ったりしているのではない。もったいないと言っているのだ。

では、その重要なポイントは何か？　それは「機転」である。つまりアドリブ力のことであり、応用力や対応力のことだ。これは我々セールスマンにとっても絶対に身につけておきたい能力の一つだ。しかしほとんどの人が、アドリブは苦手だと言う。確かに苦手なのかもしれないが、その力がない訳ではない。にもかかわらず、なぜ苦手なのかと言えば、使っていないからである。

考えてみれば、我々は子どもの頃からアドリブ力を使う機会が全くと言っていいほどなかったのだ。小学校に上がったとき、靴箱の場所も、教室も、座る場所も、時間割も、全てあらかじめ決められていた。何を食べるかという給食の献立でさえ自分では決められない。国語の授業では好きな本を読んではならず、教育委員会に決められた教科書の決められたページを読まされる。算数の時間は、数字や数式の不思議に興味を持ってはならず、ひたすら計算の仕方や公式を暗記させられる。音楽の時間は、感性のまま勝手に演奏しようものなら「ふざけるな」と叱られ、決まった音符に従って正確に演奏した者だけが褒められる。体育の時間においては後ろを向くのにも「右から回れ」と命令される。「なぜ右からなのか？　左からではいけないのか？」と質問すれば「つべこべ言うな」と怒鳴られる。（私の中学時代の実際にあったエピソードである）

　こんなことが中学、高校、そして社会人になっても延々と続くのだ。これではアドリブ力が身につくはずもない。

　しかし、我々はみんなアドリブ力の種は持っている。まだ芽が出ていないだけで、間違いなくちゃんとあるのだ。使わざるを得ない環境に身を置く、つまり無計画で行くと覚悟を決めれば、無理やりにでも「アドリブ力」は使えるようになるのだ。

（講談風に）さてさて十七歳にして学校を飛び出し、ついでに家まで飛び出した岡根青年。しかし勇んで飛び出したはいいものの、今日泊まるところもなければ金もなし。

とりあえず人の良さそうな先輩を頼り、転がり込んでタダ飯を喰らうのであった！ぺぺんぺん。

無論こんな生活がいつまでも続くはずもなく、気の優しかったはずの先輩も、ついに堪忍袋の緒が切れる！　ぺぺぺん！

はてさて、この先この男の運命やいかに！

という訳で、慌ててアパートを探し始めるが、ある程度のお金がなければアパートは借りられない。無計画に飛び出してきたのだから、むろん貯金などない。そこで考えた。考えて考えて、考え抜いた末に閃いた。「世の中には管理人という仕事があるではないか！」その仕事に就けば、寝床とお金が一度に手に入る。何とかなるのだ。

さっそく条件に合う仕事を探し、ある専門学校の宿直という仕事にありついた。毎晩そこに泊まり、夜中に教室を見回るだけで月に五万円。悪くない。

さあ、ここからが本番である。いよいよ劇団を立ち上げるのだが、立ち上げ方なんてどこで誰に聞けばいいのかさえわからない。とにかく人を集めなければ話にならない。

さて、どうするか？

まず手始めに、名古屋駅前で片っ端から声をかけてみた。

「すみません、一緒に劇団作りませんか？」「うちの劇団で、役者やってみない？」とまあ、部活の勧誘のノリである。これは大失敗だった。誰一人話を聞いてくれず、変人扱いされて駅員に注意された。

そこでまた考える。痛い目に遭うと人は良く考えるようになるものだ。するとまた閃いた。「そうか、山に魚はいない。魚を捕るなら海に行かないと！」つまり、演劇を好きな人を探すなら、劇場の前で声をかければいいのだ！

そうして中日劇場の前で芝居が終わるのを待ち、なるべく若そうな人に狙いをつけて「すみません、お芝居に興味ありますよね？」と当たり前のことを聞く。これには結構手応えがあり、みんな話は聞いてくれた。しかし今ひとつ即決に至らない。「興味はあるけど、自分がやるのはちょっと」とか「まあ、考えておくよ」などの体のいい断り文句ばかりだった。実に惜しい。惜しいけど、このままでは埒が明かない。

そこでまた考える。一休さんのごとく考える。するとまたまた閃いた！

「そうか、少女漫画のラブコメディ作戦だ！」

つまりこういうこと、ラブコメディ作品によくあるパターンだ。主人公の少女が遅刻しそうになり急いで走っていると、曲がり角で男の子とぶつかる。その後、彼女の教室にやってきた転校生がなんと、さっきの彼だった、というやつだ。人は運命的なものに弱い。この「偶然」という運命のいたずらを利用するのだ。

早速、また中日劇場の前でターゲットを探す。しかし今度は、すぐに声をかけない。劇場から出てきたターゲットの後を五分くらいつけて歩く。いい頃合いのところでいったん追い越して、角を曲がる。そしてすぐにUターンして、ターゲットとぶつかりそうになりながらこう言うのだ。「ああ、ごめんなさい。あっ、あれ？」「えっ、何か？」「あの、失礼ですけど、もしかしてお芝居とか興味ありません？」「え、うそ。今、お芝居を見てきたとこですけど」「やっぱりね。何かそんな感じがしたんですよ」「え⁉」「いや、実は僕、劇団を立ち上げたんですけど、メンバーを募集してまして、なぜかあなたを見てピーンと来たんですよ。そしたらなんと、今お芝居を見てきた帰りですか？　いやあ、

け

これはもう、運命ですよね」

結果、その効果は抜群で、こうして私は次々と劇団員を増やしていったのだ。嘘臭いと思う人もいるだろうが、嘘だと思う人は結局何もやらない人だ。

計画や企画書ばかり作っていないで、時に無計画でもアクションを起こしてみたらどうだろう。失敗したって構わないではないか。失敗したら、機転、機転を繰り返し、経験値を上げていくことだ。アドリブ力にはセンスも才能もいらない。使っているうちにどんどん磨かれていくものなのだ。しかしずっと使わなければ、深海魚の眼のように、いつかは退化してなくなってしまうだろう。

そして、私の人生においてもっともアドリブ力が鍛えられたのは、この後上京して始めた何でも屋「便利屋タコ坊」時代である。詳しくは『スタンド・バイ・ユー』（エイチエス）という私の著書を読んでいただきたい。さらに嘘臭い話のオンパレードとなるが、全て実話である。パソコンも携帯もないアナログの時代に、三人の若い馬鹿者が、やる気だけでどんな依頼でも引き受ける「便利屋」という仕事を起業し、八年間挑み続けたノンフィクションの物語である。毎日が無計画でアドリブ満載だった。

泣いて笑って驚いて、読み終えたときにはきっと人生やる気に満ち溢れ、あなたの中に眠っていたアドリブの種がたまらず芽を出してくる、そんな一冊になっている。

そして、アドリブ力はセールスにこそ必要不可欠である。なぜなら営業の現場は全て、シナリオのない本番みたいなものだからだ。こちらのリクエスト通りに応えてくれる見込み客などほとんどいない。特に反論がそうだ。もし、思わぬ反論が出たらどうしたらいいのか？　これに関しては『セールスの絶対教科書』（エイチエス）の方を読んでみて欲しい。

恋【こい】

夫婦の間に愛はいらない。愛してしまうから、離婚が増えるのだ。

超一流のセールスマンになるためには、仕事だけではなく家庭も円満でなくてはならない。特に夫婦の関係性は最も大事である。だからこそ声を大にして言う。大切なパートナーを愛してはいけない。ずっと恋をし続けよ！

「愛は真心、恋は下心」とは、漢字から連想される言葉遊びである。よくキャバクラなどで中高年が知ったかぶりで自慢げに話すうんちくの一つでもある。

その実、確かに愛と恋は別物である。学校の教師が自分の生徒を愛するのは素晴らしいことだが、自分の生徒に恋をしてしまうと問題が起こる。親が我が子を愛するのはごく自然なことだが、いい年をした子どもとまるで恋人のように接している母親や父親には、ぞっとする。

愛と恋について、一般的な解釈を見てみると、与えようとするのが愛で、得ようとするのが恋。愛は相手のための自己犠牲、恋は自分のための自己満足。愛は双方向で、恋は一方的。「愛とは、花のようなもの。育てなくてはいけない」とは、ジョン・レノンの言葉だ。では、恋とは夜空にパッと開いて消える花火のようなものだろうか。いずれにしても、世の解釈は愛贔屓(びいき)のようである。

もちろん、誰かを愛するというのは素晴らしいことだ。しかし私は、夫婦の間に愛はいらないと思っている。

恋人から始まって、やがて結婚して夫婦愛に変わるというが、むしろ恋から愛に変わってしまうから夫婦間にトラブルが起こるのだ。愛よりも恋。夫婦はずっと、互いに恋をしていればいいのだ。

恋の力は素晴らしい。いったん恋をしてしまうと、相手の全てを許してしまう。

学生時代、まだ付き合い始めたばかりの恋人は、私の偏った考え方も非常識な行動も、ダメなところも全て肯定的に受け入れてくれた。「あなたの、そういう人と違うところ好きよ」。なぜなら恋をしていたからだ。

しかしうっかり愛してしまうと、そうはいかない。

雨の日に、妻と電車に乗っていたときのことである。面倒臭がりの私が濡れた傘を縛らず両足に挟むようにして座っていたら、突然妻が怒り始めた。「もう、ちゃんと傘を縛りなよ。他の人に迷惑でしょ」。そこで私は「いや、人が濡れないように足の間でカバーしてるから」と言い返した。すると半ば呆れ顔で「屁理屈はいいから、自分だってもう濡れてるじゃない。つべこべ言わずにちゃんとして！」と子どものように叱られた。

これは愛である。

愛があるから叱るのであって、隣に座っている他人が同じことをやっていたとしても、きっと妻は叱らない。それはわかっている。しかし、これがもし相手に恋をしている場合ならどうであったか？

一つ年上の先輩に恋をしてる女子高生。偶然、憧れの先輩と電車で隣に座った。細かいことを気にしない先輩は、濡れた傘を縛りもせずに足の間に挟んでいる。彼女は思った。うわぁ、何て男らしくてカッコいいの！　でも、次の駅でたくさん人が入ってくるからどうしよう。他の人が濡れないようにするには……そうだ。

「先輩、ちょっと傘貸してください」「え、傘？　いいよ、ほら」

すると彼女は、くるくるっと傘を巻いて縛り、さりげなくハンカチでささっと拭いて「はいどうぞ」と先輩に渡してあげた。

「あ、ありがとう」

きゃっ、先輩に褒められちゃった！


きっとこんな感じに違いない。

えっ、ばかばかしい？　いや、恋は本当に素晴らしいものなのだ。

恋にはなくて、愛にはあるもの。それは、相手を「育ててあげよう」という気持ちだ。

つまり、相手のために、相手の未来のために注ぐのが愛情。

成長盛りの子どもにはその愛情がたっぷり必要だが、夫婦の間に相手を育ててあげようという気持ちは必要だろうか？　あるいは相手に育ててもらいたいと願うだろうか？家に帰ってまで教育を受けたいと思うかね？

本音を言えば、そんな人はいないだろう。せめて我が家では、ダメな自分をさらけ出させてくれ、と私でさえ思う。「私でさえ」と言ったのは、会社ではちゃんとしなければと頑張っている方々とは違って、会社においても随分とダメな自分をさらけ出している私でさえ、という意味だ。

「結婚してください。そして僕が一人前になるようにしっかり見守って、時々叱ってください！」。もしこんなことを言う奴がいたら、妻を母親代わりに考えているバカ野郎である。私が思う理想の夫婦像は、不完全な相手を丸ごと受け止め、互いに支え、補い合いながら、ずっと相手に恋し続ける関係だ。

相手の存在全てを肯定する。良いところも悪いところも、変なところもダメなところも。それは、正しい考えではないかもしれないが、素敵な考えだと思う。

「恋は盲目」という言葉があるように、恋し続けるなら、あまり視力が良くてはいけない。ぼーっと眺めながら、細かいことは見逃さなければいけないのだ。思い起こせば、結婚する前はこの人とずっと一緒にいられるのなら、他のことなんてどうでもよかったのだから。

夫婦なんて不完全同士でいいのである。でっぱったところがあったり、へこんでいるところがあったり、不完全だからこそジグソーパズルのようにピッタリとくっつくことができる。どちらかが完全になってしまったら、もう一つのピースは行き場をなくしてしまうではないか。

そういえば、濡れた傘をきちんと畳まなかったり、夜中に下駄をカランコロン鳴らして歩いていたりすると必ず叱ってくる私の妻だが、三十歳を過ぎて子どもがいるにもかかわらず「絵本作家になりたいから、仕事を全部やめてもいい?」と私が言ったとき、ふたつ返事で「うん、いいよ」と言ってくれた。「お父さんがやりたいことをやればいいよ。もしピンチになったら、私が働くからね」と言って、おせんべいをかじりながら、しかも寝ころんだまま、またテレビを見る妻に私は恋をしているのかもしれない。

その言葉にどれだけ救われたことだろう。

第一、結婚当時は貧乏劇団を主宰し、それでは食べていけないからと立ち上げた便利屋での収入は、当時月に五万円程度だった。そんなところへ嫁いできてくれたことが、今から思えば奇跡的なことだ。桑田佳祐のような才能がある訳でもなく、百姓から天下を取りに行く甲斐性がある訳でもない、アパート代すらままならなかった私のもとへ。

結局、妻の給料と合わせて三十万になったので、ヤッホー！　とばかりにマンションに引っ越した。しかし家具や電化製品まで買う余裕はなく、しばらくは段ボール箱をテーブルにして暮らしていたのだが。それでも、そんな暮らしが可笑しくて楽しくて、幸せだった。恋する二人には、一緒にいるというだけで世界は楽しく感じられたのだ。

今でも時々二人で外食をする。「何が食べたい？」と聞くと、必ず「何でもいいよ。お父さんの食べたいものなら、牛丼でもラーメンでもいいよ」と、恋人のように笑う。そしてたわいもない話をしながら楽しく食べていると、「くちゃくちゃしない！　食べるときは口閉じて！」と叱られる。

うちの夫婦は、愛なのか、恋なのか、未だによくわからない。

幸【さち】

山のあなたの　空遠く
「幸」住むと　人のいふ
噫われひとと　尋めゆきて、
涙さしぐみ　かへりきぬ
山のあなたに　なほ遠く
「幸」住むと　人のいふ

これはドイツの詩人、カール・ブッセの有名な『山のあなた』（訳・上田敏）という詩である。山の向こうに幸があるというので訪ねて行ったが、そこに幸はなく、さらにその山のまた向こうに幸はあるのだと人は言う、という詩だ。

幸福というものほど古来より人々に追い求め続けられるものはない。そしてまた、「幸福とは何か」という問いに正しく答えられる者もいない。お金を稼げば幸せなのか、結婚をすれば幸せなのか、名声を得れば幸せなのか。決してそんなことはない。私自身、今幸せかと問われれば、幸せだと思うことはできるが、幸せだと感じるとは正直言えない。しかし不思議なことに、「あの頃は幸せだったな」と過去においては断言できるのだ。ただ、その幸せの真っ只中にいるときというのは、そんなことを感じる余裕もないくらい何かに夢中になっていたときだ。

幸せとはそんなものかもしれない。右手で右手をつかめないように、確かにそこにあるけれど、決して確かめられないもの。そばにあるのに見えないもの。だから人は追い求め続けるのかもしれない。

幸せの青い鳥を探しに旅に出た兄妹もまたそうだった。「思い出の国」「夜の御殿」「贅沢の御殿」「未来の国」。どの国にも青い鳥はいたけれど、どれも本当の青い鳥ではなかった。しかし青い鳥を探す旅を終えたとき、本当の青い鳥は、自分たちの家の中にいたことに気づくのだ。

誰もが一度は題名くらい聞いたことがあるであろう童話、メーテルリンクの『青い鳥』のあらすじであるが、この物語にはとても重要なメッセージが込められている。「結局幸せというものは、特別なものじゃなくて普通の生活の中にあるんだよ」などという単純なものではない。

この物語の鍵は、チルチルとミチルが幸せを探しに出かけていくことだ。本当の幸せが必ずあると信じて、二人は行動を起こした。そこに価値があるのだ。

結局本当の幸せは家の中にあったのだから、探しに出かけたことは無駄だったのではないか、という考えは浅はかである。なぜなら、もし二人が出かけていなければ、本当の幸せは、一生見つけることができなかったからだ。

「幸」という漢字をよく見てみると、面白いことに気がつく。

「土」という字の下に「¥」マークがある。面白い！「羊」という字ではない。確かに¥マークだ。

はて、なぜ土の下に¥で「しあわせ」なのか？　その理由を自分で考えてみる。決してネット調べてはいけない。ネットで調べれば、本当の理由がいとも簡単にわかるだろう。しかし本当のことなんて大して意味はない。でたらめにでも、まずは自分で考えてみることの方が大事なのだ。すると不思議なことも起こる。驚くことに、本当の理由よりも真理に近づいたりするのだ。

「幸」という字を象形文字だと考えてみると、土の中に大金が埋まっていて、その上に人が立っている形に見えてくる。

しかし、土の中に埋まっているのだから、その人には見えない。見えないのだが、確かにあるのだ。

ここで二つのパターンに分かれる。一つは、見えないものは信じない人。その人は、自分の足元に大金が埋まっているなんて信じない。信じないから何も行動は起こさない。結果、大金があるのに、ないことと同じになってしまう。

もう一つは、見えないものを信じる人。自分の足元に大金があると信じる人は、行動を起こす。どれくらいの深さに埋まっているかがわからなくても、信じている限り掘り続け、信じて掘り続けている限り、いつかは大金を掘り当てる可能性がある。

信じない人

信じる人

土の下の大金とは、きっと何かの比喩であろう。見えないところにある大金。つまりそれは、自分の未来に訪れる大きな成功のことではないか？
今の自分にできそうなことしか未来に描けない人は、大きなことには挑戦しない。無難な人生が一番だとうそぶいて、怠けて一生を終えるだろう。
しかし、今よりもっと成長した未来の自分を信じることができる人は、大きな夢にも挑戦できるのだ。必ず夢が叶うという保証はない。それでも大きな夢を叶えた人たちは、必ず同じことを言う。「成功の秘訣は、あきらめなかったことだ」と。

そのことに気づけることが「幸」なのではないだろうか。

見えないものを見る力。見えない未来を信じる力。それこそが「幸」なのだとしたら、未来を大きく描いた者勝ちだ。何の根拠がなくても、大きな夢を掲げればいい。未来は描いた内側にしかないのだから。


大きな夢を描いて、信じ切ることができたら、今度はそれに向かってアクションを起こそうではないか。

「○○の法則」のような成功哲学を浅いレベルで解釈している人のなんと多いことか。「強く願ってさえいれば、夢は向こうからやって来る」という言葉だけを信じるなんて、とんだ誤解をしている。

練習もしないで「イチロー選手のようになりたい」といくら願っても、叶えられるはずはない。「強く願え」と言っているのは、「その夢を実現するために大きな代償を払い、厳しい試練に耐えられるモチベーションを持て」という意味なのである。言い換えれば、仮に強く願わなくても、厳しい練習に耐えられるならそれでいいのだが、現実的には、それでは心が折れてしまうだろう。だから心が折れないように、四六時中強く願うことが大事なのだ。

さらに本質的なことを言うと、「願う」では足りない。「信じる」ことだ。「信じる」とは、一切疑わないこと。つまり確定された未来像のことだ。「願う」は、未来が不確定だからこそ願うのであって、信じるとは意味が違う。もしタイムマシンがあって、自分が成功している未来の姿を見てきたとしたら、100パーセント信じることができるだろう。後は掘るだけだ。

世の中のセールスマンたちよ。立ち上がって、見えないシャベルを手に取るのだ。そしてどの辺りに埋まっているのかはわからないが、宝物が出てくるまで掘ってやれ。自分の未来に訪れる大きな成功を信じて、掘って掘って掘りまくろうではないか。

そして、チルチルとミチルのように、もしそこから幸せが出てこなかったとしても、きっと後になって思うはずだ。

「ああ、あの夢中で掘っていた頃が幸せだった」と。

山のあなたに　なほ遠く
「幸」住むと　人のいふ

この最後の二行の意味は、そういうことかもしれない。

「なほ遠く」とは、距離のことではなく、「昔」という時間のことではないだろうか。

決してもう二度と触れることはできないけれど、確かにそこにはあった、青く輝く本当の幸せは、きっと必死で生きてきた者だけが味わえる「思い出」という宝物なのだ。

質【しっ】

イギリスのケン・ローチという映画監督をご存じだろうか？
社会の底辺で生きる労働者階級や移民などの貧困層をドキュメンタリータッチで描くイギリスを代表する名監督である。決して興行的に成功しているとは言えない監督ではあるが、カンヌ国際映画祭で二度にわたってパルム・ドール（最高峰の賞）を獲ったり、ベルリンやヴェネツィア、英国アカデミーなど世界中の映画祭で賞を総舐めしたりと、社会に向けて強烈なメッセージを送り続けている骨太な監督だ。

そのケン・ローチ監督による『家族を想うとき』（２０２０年公開）を観た。
イギリスだけではなく、世界中のどこにでもいる平凡で低所得な一家の物語である。
映画のテーマは重い。家族のために死に物狂いで働くことが、かえって家族を苦しめ、亀裂を生み、破滅へと向かうという現代社会の矛盾を淡々と見せられた。そして救いのないエンディング。まるで消化できずに胃の底にこびりついてしまったコールタールのように、見終わった後も苦しめられ続けた。と同時に、家族の在り方について深く考えさせられたのだった。

２０２０年、新型コロナウイルスによる緊急事態宣言が発令され、突然やってきた非日常は、それまでの当たり前だった日常を客観的に見直すというチャンスを与えてくれた。

いつの頃からか世の大人たちは、「家族の幸せとは、経済的な豊かさだ」と思い込み、家族と一緒に過ごすことよりも、稼ぐことに夢中になってしまったのではないだろうか。大きな家、高級な車、贅沢な食事、海外旅行……。それらを手に入れられれば家族は幸せになる。それが常識だと思い込み、誰も疑わず、みんなそのために一生懸命に働いた。

そしてついに物質的な豊かさを手に入れた。戦後の日本から考えれば、現在の我々は、とんでもない豊かさを手に入れたと言える。だからこれで家族はみんな幸せに生きているに違いない、そう思っていた。いや、そう思いたかったのだ。

しかし、そこに突然ウイルスがやってきた。世界はたちまち強制的に閉鎖され、人々は家の中に閉じ込められた。だがそのおかげで思いがけず、家族と過ごす時間が増えたのだ。こんなにも長く、深く、家族と向き合って過ごしたのはいつ以来だろう。

社会の未来化が進む一方で、家族というシステムが崩壊しつつある現代。しかし多くの人が気づいたのではないだろうか。家族と向き合い、家族と語らい、家族と食事をし、家族と遊ぶ、そんな当たり前のことが家族にとってかけがえのない大切な宝物だということに。

家族を幸せにするために必死に働いていたはずなのに、いつしか働くために家族との時間が犠牲になっていた。しかし誰もそのことには気づいていなかった。コンビニとスマホさえあれば、家族がそれぞれ一人でいても何も問題はないと思い込んでいた。そのことに疑問を持つ余裕も、立ち止まって考える勇気もなかった。

皮肉なことに緊急事態宣言による、ある意味強制的な自粛によって、初めて立ち止まることができたのかもしれない。その結果、物質的な豊かさよりも本当の幸せとは何であるかということに気づいた家族もあれば、ステイホームによって、一緒にいることが苦痛になって別れてしまった家族もあった。

そう言えば、昭和四十年代の歌謡曲に『あなた』という名曲があった。その歌詞は、「もしも私が家を建てたなら、小さな家を建てただろう」と始まり、一番大事なことは、「私の横にあなたがいてくれること」というものだった。

確かにそうだ。大きな家を建てて、高級車を乗り回し贅沢三昧することが夢だという歌詞だったら、あんなにレコードは売れなかったであろう。

愛する人がそばにいてくれること、よく考えてみればそれは奇跡的なことなのだ。学生の頃、初恋の相手と一緒になれるのなら他に望むものは何もないと思ったのは、私だけだろうか。我々は、経済的な豊かささえあれば幸せという訳ではないことを、本当はちゃんと知っているのだ。

子どもにとっても同じである。どんなに裕福でいくらでも好きなものを買ってもらえたとしても、いつも両親がいない家庭で育つより、貧しくてもいつも家族がいる家庭の方が幸せなのだと思う。

私が子どもの頃の我が家は相当な貧乏だったが、どんなに貧しくとも母は働かずに家でゴロゴロしていたし、祖母もいたし、兄妹は四人もいて、おまけに犬までいた。夕飯の時間には大抵父も帰ってきたし、夏の甲子園の時期には、父は仕事にも行かずなぜか毎日ずっと家にいて高校野球を見ていた。今から思えば、そのおかげで我が家はいつも賑やかだった。

しかし、家族の幸せは、単純に家族と過ごす時間の「長さ」ではない。大切なのは、むしろ「質」の方なのだ。長く一緒に暮らした夫婦が一番幸せだとは限らない。たった一日でも燃えるような恋をした二人の方が幸せだということもある。かっぱ巻きの食べ放題よりも、特上の寿司を二、三貫食べた方が満足度は高い。

同じように、家族の幸せの本質は、家族と過ごす時間の質にある。どんなに忙しく、物理的に会える時間は短くとも、質の高いコミュニケーションを取ることはできる。
我々は、いつしか忙しさを理由に、この「質」を劣化させてはいないだろうか。相手のことをちゃんと見ているだろうか。小さな変化に気づけているだろうか。上辺だけの会話になっていないだろうか。スキンシップはしているだろうか。

子どもが大きくなってくると、プライベートの空間が必要だと言ってそれぞれが個室を持つようになったのが間違いの始まりだ。個室を持った方が子どもは自立するというのは本当なのだろうか？

個室を持った方が居心地はよく、そのため依存度は高まり、なかなか家を出て行かない。昭和の時代、ある年齢になればどうしてもプライベートな空間が欲しくなり、仕方なく家を出ていくものだったが、もともと個室があれば、食事も洗濯も家賃も心配することなく、プライバシーまで守られるのだから一人暮らしをする必要がない。そのくせ家庭内で孤立が始まり、家族なのにどんどん他人になっていく。

家族が家にいる間はプライベートな時間なんかいらない、というのが私の妻の持論である。大賛成だ。どんどん侵害してやれ。チャンスがあればくっついて、手をつないだり、抱きしめたりしたらいい。チューを迫って「きもい、やめろ！」と言われればいい。家族なんだから、くどくて暑苦しくて結構。家族に大切なのは温度なのだ。それが本当に嫌なら家を出て行けばいい。そして初めて、家族の温かさがいかに幸福であったかを知ればいい。

東京ガスのＣＭに、ちょっと感動する「母」という存在を表現したものがある。

（以下ＣＭのナレーション）

「母とは、『ノックをしない』『電話の時、声が変わる』『メールが変』『人の服を勝手に着る』『涙もろい』『勘が鋭い』『というか、テレパシーが使える』『（ごはんが）まだできてないのに、できたと言う』『が、すぐ食べないと怒る』『父にはもっと怒る』『犬には優しい』『プレゼントをあげると、ちょっと引くくらい喜ぶ』『申し訳ないくらい喜ぶ』『誰よりも遅くまで起きていて、誰よりも早く起きて、そして、いつの間にか歳を取ってる』『世界で一番料理が上手い』家族をつなぐ料理のそばに。東京ガス」

ＣＭを見ながら、うんうん確かにそう、と笑いながらほろりと涙が出る。いつも人の心配ばかりして、ちょっとしたことに怒ったり泣いたり笑ったりしている自分の母親の姿と被る。母親は、子どもの成長に大きな影響を与えるかけがえのない存在だ。

世のセールスマンたちよ、稼ぐことばかり夢中になって、働くことの本質を見失ってはいないか？　何のために稼ぐのか？　何のために働くのか？　それは、自分の大切な人を幸福にするためではなかったか？

今できる最善を尽くすのだ。それは、コミュニケーションの質を高めること。

質の高いコミュニケーションとは、何も特別なことではない。惜しみなく愛情を表現していくことなのだ。余計なノウハウはいらない。家族の間にできる変な隙間を徹底的に埋めていけばいい。「うざい」と言われても関係ない。「ほっといてくれ」と言われて

し

もほっといてはいけない。

面倒臭いと思うかもしれないが、いいではないか、大事な家族なんだから。大好きな人を大切にするという面倒こそ、家族の幸せの本質であることを忘れてはならない。

そしてまたいつか、稼ぐことに夢中になって、幸せの本質から外れてしまったときには勇気を持って立ち止まってみよう。あなたとあなたの大切な家族のために。

隙【すき】

隙のない人は苦手だ。あまり関わりたくないし、第一、一緒に酒を飲んでいても面白くない。女性でも男性でも、美人なのに、イケメンなのに、仕事も完璧にできるのに、なぜか全然モテないという人は結構いたりする。その逆もまた然りで、あいつ不細工なのに、なんであんなにモテるのか、という話もよく耳にする。

美人なのになぜモテないのか？　美人過ぎるから？　センスがあり過ぎるから？　いやいや、そんなのは大いに結構だし、大した理由でもない。つまり美人でも不美人でも、モテない人には、ある共通点があるのだ。

それが「隙」なのである。隙がないからモテないのである。

何でも真面目に考え過ぎて、完璧でなければいけないと思いがちだが、特にセールスや商売をやる上では、隙がないのはかえってマイナスになる。

ある剣の達人の話だが、強敵と戦うときに隙を全てなくしてしまうと、相手は打ち込んでこないという。そこでわざと隙を作り、相手が打ち込んできたところを狙って逆に打つのだそうだ。つまり「肉を切らせて骨を断つ」という訳だ。

戦国時代の城の作り方も同じだ。完璧な城壁にしてしまうと、敵がどこから攻めてくるのか見当がつかないため、あえて一ヶ所、攻め込みやすい場所を作ることによって、敵の動線を予測し、防御を強めていた。


では、人間における「隙」とはいったい何なのか？

全く隙のない「ゴルゴ13」は、ヒットマンとしては最高だが、セールスマンとしては失格だ。ドアを開けて、あんな男が入ってきたら即通報されてしまうだろう。かと言って、隙だらけの「のび太」がセールスマンであってもうまくいかないだろう。確かにのび太には隙があるが、商売に必要な隙はその類ではない。「だらしがない」「賢くない」「自立していない」「覇気がない」なども、隙と言えば隙だが、むしろモテない要素と言える。

モテるための隙とは、「子猫や子犬の法則」のような隙のことである。

子猫は確かにモテる。私の妻は、暇さえあればYouTubeで子猫の可愛い動画を見ては幸せを感じている。しかし全ての猫が可愛い訳ではない。遠くからじっとこちらを警戒しながら固まっている猫はあまり可愛くない。撫でてやろうと近寄ったとたんに、ぷいとあっちを向いて去って行ってしまう。ちっとも可愛げがない。

犬も同じだ。しっぽを振って近寄ってくる無邪気な子犬はめちゃくちゃ可愛いが、警戒心を丸出しにして吠えてくる犬には困惑してしまう。

つまり、子猫や子犬の魅力は、この「警戒心」のなさなのだ。

それを人間に当てはめてみるとどうなるだろう？　警戒心を解いて隙を作るとは、いったいどういうことなのか。

それは「笑顔」である。笑顔とは、隙だらけの顔のことだ。どんな笑顔でも素敵なものだが、たとえば整い過ぎた、きれいで美しい笑顔では「隙」がない。逆に思いっきり笑いじわがあるような、くしゃくしゃの笑顔が最高なのだ。

どんなに美人でもイケメンでも、笑顔がなく無表情な人はモテない。表情とは、字のごとく「感情」を「表」に出すことであるから、無表情では感情がない、あるいは感情を隠しているということになる。

なぜ感情を隠すのかと言えば、警戒しているからである。なぜ警戒するのかと言えば、安心がないからである。警戒している人が近づいて来たら、反射的にこちらも警戒してしまう。そんな人はモテる訳もないし、商売にも向いていない。

一流のセールスマンは、身なりで隙を作るのではなく、むしろ身なりはビシっと決めて、表情で隙を作るのだ。笑顔という隙間からは、何がこぼれてくるだろう？

それは「嬉しい」や「好き」という感情だ。それに対して無表情からは何もこぼれてこない。「ブス」の語源が「無表情」であることをご存じだろうか。

家事をめちゃくちゃ手抜きしても夫婦がうまくいく極意を伝授しよう。

実は我が家のことである。妻は、私が仕事から帰ってきたときに、何をしていてもいったん手放して、子犬のように見えないしっぽをぶんぶん振りながら「おかえりー」と玄関まで走って来るのだ。（この「見えないしっぽをぶんぶん振りながら」、というところが大事）

もうそれだけで私はイチコロである。晩飯のおかずがレトルトでもできあいの物でも構わない。乾いた洗濯物だって、畳まずにソファーの上にでも放り投げておけば、私は機嫌よくせっせと畳み始めるのだ。

そして朝、私が仕事に出かけるときは、今度は少し寂しそうに、たとえ雨が降っていようとわざわざバス停まで付いてきてくれて、名残惜しそうに私の姿が見えなくなるまでずっと見送ってくれるのだ。妻は、相手を機嫌よくさせる天才だった。

「朝は戦争」とよく話に聞くが、面倒くさがってはいけない。本当にこれさえ押さえておけば、後は手抜きでも全く問題ないのである。

セールスも全く同じである。大切な顧客を見かけたら、その瞬間に子犬作戦を開始しよう。「きゃー、○○さん！」と満面の笑みで小走りに駆け寄ればいい。何も難しいことはない。無邪気な子犬のように駆け寄るだけである。ただし見えないしっぽを振り回すのを忘れずに。

あなたが男性だとしても、全く同様である。できればマツコ・デラックスのように「やだあ、○○さん！」と言えれば完璧だ。あなたがイケメンであれば、そのギャップがよりあなたの魅力になり、イケメンでなくても、それはそれなりに効果があるだろう。いや、最近は犬でも「ブサ可愛い」方が人気あるぞ！

そしてこれこそが、剣に限らず達人の技なのである。本当の隙ではなく、あえて作る隙。気の抜けた隙ではなく、むしろ気を込めた隙。本当の隙や気の抜けた隙は、相手につけ込まれるだけだが、あえて作る隙は、相手を惹きつけるためのスキルとなる。

特にこれからはリモートの時代。アナログの時代とは違い、コミュニケーションはどんどん無機質化していくだろう。だからこそ、豊かな表情はものすごい武器にもなるのだ。

「おはよう」「ありがとう」「おつかれさま」など、習慣的に使っている言葉にこそ、気を込めて最高のくしゃくしゃの笑顔で言ってみよう。するとあなたの作った「隙」は、相手の心に「好き」と変換されて届くのだ。

誠【せい】

「言」に「成」と書いて「誠」。
「武士に二言はない」と言う言葉があるように、武士は一度口にした言葉を取り消すようなことはしない。命を懸けて成し遂げる。従って、約束は絶対に守る。ゆえに約束事に書面（契約書）など必要なく、口約束だけで十分なのだ。

契約社会の西洋では考えられないことだが、実際、武士が活躍していた時代の日本では証文などの契約書を交わす必要はなく、口にした言葉こそが契約書と同様に、あるいはそれ以上の重みがあったそうだ。

現代の日本では、「口約束はダメだ」とか、「口で言うのは簡単」などのように、文字に比べて言葉の価値が暴落しているように感じられるが、本来言葉とは、それを発した人の魂が宿っている崇高なものであった。

そして今でもその精神が引き継がれている業界がある。


それは、出版業界である。


私は、これまでに絵本を三冊、書籍を四冊出版させてもらったが、契約書を交わしたのは今までたった一度だけ、出版部数にしても印税にしても締め切りにしても、全て口約束なのだ。

もちろん時代の流れに沿って契約を交わす出版社が増えていることも確かだが、私においてはその経験はない。それでも一度もトラブルがないのは、出版社と作者、双方の信頼関係があるからこそである。

時代に反しているかもしれないが、私はそういう出版社の精神が好きである。契約書を交わしてそれを守らないことと、口に出した約束を守らないことでは意味が違うのだ。

武士が口にした約束を破らないのは、それが「悪い」ことだからという西洋的な価値観ではない。約束を破れば、相手に対して「申し訳が立たない」からである。相手の期待を裏切るという行為は、恥であり、自分は情けない人間であるという証明でもある。名誉を重んじる武士にとって、恥や不名誉というものは、死よりも辛いものなのだ。

それに対して契約書こそが全てであるという考え方には、恥であるとか、名誉という抽象的な概念は存在する余地がない。求められているのは合理性だけだ。正しいか、正しくないか。善か悪か。言い換えれば、恥をかこうが、不名誉だろうが、契約書に書いてない約束は、いくら破っても平気なのだ。いや、平気かどうかはわからないにしても、もし責められれば「それは契約書に書いてないのだから、私は間違っていない。正しい」と高らかに声をあげるだろう。

正しいのかもしれないが、そこに「誠」はない。

そんなことを言っても、もし出版社が出版した後、印税を払う前に倒産したらどうするんだ。契約書がなければ、どうにもならないぞ。と、思う人がいるかもしれないが、私の知人の絵本作家（私が一方的に知っているだけだが）にこんな人がいた。

ある弱小の絵本専門の出版社から頼まれて、絵本をひとつ書き下ろした。素晴らしい作品で、結構売れたそうだ。しかしいっこうに印税を払ってくれない。

確かにこの時代、絵本の出版だけで儲けるのは厳しい。なぜなら、普通の書籍でも販売数は激減しているのに、絵本は全ページがカラーで、もともと利益が薄い。にもかかわらず、絵本にこだわって、本当にいいものを世に広めようとしている出版社の心意気に感銘を受けていた作家は、印税の催促などしないでいたそうだ。

ところがしばらくしてその出版社は倒産してしまった。しかしその作家は、頭を下げに来た出版社の社長を怒ることもなく「勝ち逃げしたのなら許せないが、頑張った挙句に倒産したのだからしょうがない。私の印税のことなど気にせず、必ず立ち直ってください」と励ましたそうだ。絵本の出版社が儲かっていないということは、絵本作家はもっと儲かっていないということなのに、である。

それから数年後、その社長は必死な思いで借金を返済し、また新たに絵本の出版社を立ち上げて、記念すべき第一作をあの作家に頼みに行ったそうだ。作家は心から喜んで引き受けた。そして出版後、作家には前回支払われなかった印税も含めて、倍の印税が支払われたという。

なんと美しい話だろうか。倒産して印税が支払えなくなったことを一切咎めなかった作家も粋であるし、その恩を忘れず、もう一度立ち直って恩を返した社長もまた粋だ。

結果的に印税が支払われたからめでたしめでたしということではない。仮に、社長が復活できなかったとしても、作家はきっと恨んだりはしなかっただろう。「私の印税のことなど気にせず、必ず立ち直ってください」と言った時点で、その件は完了しているのだ。そしてまた社長は、その言葉に作家の「誠」を感じ、魂を揺さぶられ、己の名誉にかけて立ち直ることができたのではないだろうか。「契約書があったから何とか全額払ってもらえた」などという話とは、天と地ほどの差がある。

セールスマンたる者、「誠」の文字を肚に刻み込め！

ノルマが決められているから頑張るのではない。

「やる」と公言するからやるのだ。

自分の言葉に覚悟を持て！

こんなことを言うと、野暮な人間は達成できそうな数字しか言わなくなり、無難なことしか挑戦しなくなるだろう。しかしそれは、成長することを止めるという最も恥ずかしい行為であるということに気づかなくてはならない。自分の成長を信じることができない者は、恥ずかしく、醜く、惨めである。他人にはわからなくても、いつかはバレる。自分自身をごまかそうとしても、何年後かには必ず思い知ることになるのだ。

成長とは、今の自分ではできない目標を、達成しようと必死にもがいているときに起こる現象だ。誰でも、何歳になっても、人は成長できる。我々は「潜在能力」という無限の可能性を持っている生き物なのだ。その能力を使えるようになるための条件は、たった一つだけ。今の自分にはできない高い目標に挑戦することだ。

そして本当に行動するために、あえて公言する。セールスの世界においては「不言実行」は美徳ではない。「有言実行」にこそ価値があるのだ。

公言していなければ、達成しなくても恥をかくことはない。しかしいったん公言したのなら、何が何でも達成しなければ恥をかく。そうやって自分で自分の逃げ道を断って、じたばたしながら挑戦した者にしか成長はない。

肚に「誠」という価値観を持っていない人間は、平気で嘘をつく。人も騙すし、自分をも騙す。凄い人を見ては妬み、いじけて「どうせ自分にはできない」と自分に嘘を信じ込ませる。人間から「勇気」という財産を奪っていく犯人は、嘘をつく自分自身なのだ。世のセールスマンたちよ。そんな嘘に騙されることなく、耳を澄ませ、小さな声で叫んでいる自分の心の中の誠の声を聴いてみよ。「本当は自分もあんな風になりたい」という憧れの声を。

それを聴くことができたなら、それを言葉にして宣言せよ。そして宣言したのなら、後はその言葉に忠誠を誓い、その言葉に服従するのだ！

無謀な挑戦だとしても構わないではないか。今は戦国時代ではない。失敗したところで恥をかくだけで、切腹をする必要はない。何度転んだって、何度でも立ち上がればいいのだから。

損【そん】

商売のコツに「損して得取れ」と言う言葉があるが、私はこの言葉が嫌いである。言葉の意味としては、「目先の得ばかり考えていると、かえって大きな損をすることになる。その反対に、はじめは損をしても我慢を続ければ、最終的には大きな利益が返って来る」というものだ。

確かにその通りかもしれないが、何だか結局最後に勝つための、人の情を利用した作戦のようで、私は腑に落ちない。

私が小学校の頃だ。川を隔てた隣街のとある催事場で、時間を持て余している年配の奥さんたちを毎週決まった曜日に集めて、何やら怪しげな商売が繰り広げられていた。売っていたものは、高級ベッドや高額な羽毛布団など。集まってきた奥さんの中から毎回数人が選ばれ、ベッドに寝かせられ、その横で飛んだり跳ねたりしても全然響かないという、テレビショッピングのライブ版のような催事である。そして、選ばれて出演した奥さんには、もれなく鍋や食器のセット、化粧品、トースター、パンダのぬいぐるみなど、結構いい商品がプレゼントされるのだ。

その情報を聞いた私の祖母は、近所のおばあさんと一緒に、いそいそと毎週その催事場に出かけて行った。そして時々鍋や化粧品などをもらってきては嬉しそうに自慢をして、孫娘、つまり私の妹のためにパンダのぬいぐるみをもらうまでは、ずっと通い続けるのだと張り切っていた。

しかし、回を重ねるごとに祖母の熱中ぶりはエスカレートしていった。当時流行っていた「キャンディーズ」や「ピンク・レディー」に夢中になっている学生のような祖母のノリに胡散臭さを感じた母が、「そのうち高い布団買わされるで。うちは羽毛布団なんかいらんでね！」と必死に止めていた。そのおかげで約束通りパンダをもらった時点で、祖母はしぶしぶ通うのを止めたのだった。祖母は、先生に叱られた生徒のようにしょんぼりしていた。

ところがその後も祖母の友人は通い続け、案の定ついに高級羽毛布団を買ってしまったそうだ。彼女も祖母と同じようにおまけが欲しいだけで、「布団やベッドなど絶対に買うものか」といつも二人で話していたのに、気がついたときには喜んで買ってしまったのだという。息子たちにこっ酷く叱られたそうだが、訪問販売ではないため当時はクーリングオフもできず、泣き寝入りするしかなかった。しかも翌週からその業者はぴたりと来なくなってしまったそうだ。被害者は一人や二人ではなかった。

おそらく今で言う催眠商法の一種で、高齢者の心理を巧みに利用して儲ける悪徳業者であったのではないだろうか。

「損して得取れ」という言葉を聞くと、私はいつもこのエピソードを思い出してしまうのだ。もちろん、なじみの小料理屋などで、「これサービスね」と、気の利いた一品を出して、贔屓にしてもらおうとする努力も「損して得取れ」という商売の心得であるから、私が言っていることはかなり偏見であることは否めない。

しかしである。世の商売をする人や経営をする人、そしてセールスマンたちに告ぐ。商売は、「損して得取れ」ではなく、「損して徳を積め」だ。

カンヌ国際映画祭で最高賞のパルムドールを獲得した是枝裕和監督の『万引き家族』に、こんなシーンがある。

本当は家族ではない、それぞれ訳ありの他人同士が家族のふりをして、万引きを繰り返しながら生活しているというストーリー。

兄の翔太は十一歳だが、学校には通っていない万引きの常習犯。ある日、幼い妹のりんに万引きを教えようと、近所の駄菓子屋に連れて行く。この店の主人はいつもぼーっとしているため、簡単に万引きができる。そして、翔太に教えられた通りにりんがお菓子を取ろうとしたとき、店の主人が「おい」と声をかける。

バレた、と思って焦る翔太に、「おい、これをやる」と、主人は二人分の菓子をくれてやり、そっと「妹にはさせんなよ」と言うのだ。

主人役の柄本明のこの言葉に痺れる。翔太が万引きしていたことは、とうの昔にばれていた。翔太の家の事情を知ってか知らずか、ずっと万引きを黙認していたのだ。しかしこの出来事によって、翔太の心に変化が生まれるのである。初めて罪悪感というまともな人間の心が生まれた瞬間だ。

この主人がずっとし続けていた「損」は、決して後で「得」を取るためではない。それは「慈悲」であり「情け」であり「愛」であったに違いない。そして、そんな主人の行動は、一人の少年の価値観に影響を与えた。

きっとこの駄菓子屋は一生儲かることはないだろう。しかし私はこの店の主人と酒を酌み交わしたい。安いカップ酒で、沁みるようにして酔っ払いたい。馬鹿でお人好しで商売が下手くそな、こんな人間と一生付き合っていきたい。

商売が下手だっていいではないか。所詮損か得かなんてものは勝ち負けのことであり、人生は勝ち負けなどではない。

「勝ち組」「負け組」という言葉に踊らされるのは危険だ。じゃんけんと同じ原理で、勝つためには、誰かが負けなければならないのだ。本当に互いの利益を考えている人ならいいのだが、「Win-Win」などと調子のいいことを言って、その言葉の裏でずる賢そうに笑っている奴がどれほどいることか。勝とう、勝とう、とする者、それを「下等動物」と言うのだよ。

どんなに賢くても、どんなに商売が上手くても、結局損得勘定でしか人を計れない人は不幸である。たくさん持っていることよりも、たくさん分かち合える人がいることを自慢できる、そんな人間になりたいと思う。

セールスマンである皆さんは、どう感じるであろうか?

旅【たび】

夏が来るたびに、ふと旅に出かけたくなる。旅はいいものだ。

スナフキンは、冬が近づくと南へと旅立ち、春が訪れるとムーミン谷へまた帰って来る、自由を愛する旅人だ。決して旅行が好きなおじさんではない。

「旅」と「旅行」、言葉は似ているが全くの別物である。その決定的な違いは何だろう。

恋人と付き合っているときに行くのは旅行で、失恋したときに行くのが旅。そう言えば、寅さんも毎回失恋するたびに、旅に出ている。

「旅の過程にこそ価値がある」と言ったのは、スティーブ・ジョブズである。旅行には目的地があり、計画があり、予定通りにその目的を果たすことに価値があるのだが、旅は目的地に到達することよりも、旅をすること自体に意味がある。そもそも旅には、明確な目的地はないのだ。その過程に起こるトラブルや失敗、出会いや別れ、それら全てが旅行では得られない旅の値打ちであるという解釈だろう。

私は計画された旅行よりも、断然無計画な旅の方が好きだ。新婚旅行でさえツアーではなく、ホテルも予約せず、往復の航空券を買っただけ。それでフランスとスペインを自由気ままに妻と旅をした。つまり新婚旅行ならず、新婚旅であった。初めて旅をしたのは、十九歳のとき。当時は田舎から東京に出てきて、劇団を立ち上げる資金を作るためにバイト三昧の日々であった。七月を過ぎた頃、私はあることを思い立ち、一ヶ月の休みを取って沖縄に旅立った。沖縄なら旅行ではないかと思うかもしれないが、旅行ではなく立派な旅だった。これから何の伝手（つて）もないこの東京で劇団を立ち上げてやっていくために、自分の適応能力というものを試そうと考え、あえて片道分の切符しか買わず、後は現金一万円だけを持って船で沖縄に向かったのだ。

もちろん、そのままでは東京に帰ってくることはできない。何とか向こうで仕事を見つけて、帰りの旅費を稼ぐしかないというサバイバルゲームを勝手に始めたのだ。旅という名のちょっとした冒険だ。

飛行機なら三時間足らずで着くところ、船旅は二泊三日である。当てのない旅だ、急ぐ必要はない。三百六十度の水平線、そこに沈む太陽、満天の星などを眺めながら、憧れの南の島に思いを馳せていた。

それにしても、船の食事はべらぼうに高い。レトルトのカレーや牛丼、ラーメンが、千円、千五百円という具合で、那覇の港に着いたときには、なけなしの一万円がわずか千円になっていた。中途半端にお金を持っているより、いっそのことなくしてしまえと、その足で千円ステーキの店に入って、最後のお札を使ってやった。

よし、それじゃあ仕事を探すか、と片っ端からホテルや民宿にアタックするが、どこもかしこも既にアルバイトの口はいっぱいで、全く話にならない。内地の学生たちが数ヶ月前からアルバイトの予約を入れており、無計画にも夏休みの真っ最中にやってきた私が入る余地などなかったのだ。

少し考えが甘かったことに気づいた私だが、焦ったところで埒が明かない。とりあえず恐ろしいほどの太陽光線から逃れて一休みしようと喫茶店に入った。もちろんお金はないが、まあ何とかなるだろうとアイスコーヒーを頼んだ。地元の子なのか、内地から来たバイトなのか、あか抜けた可愛らしい女の子がアイスコーヒーを運んできた。私はついでに紙と鉛筆を借りた。

たっぷり一時間以上休憩をした私は、レジで彼女に「これ、コーヒー代ね」とさっきの紙を渡した。彼女は困惑した表情で「え？　え？」と言うと、厨房へ走って行った。その紙には、若き日の岡根画伯（素人）による彼女の横顔の鉛筆画が描かれていた。するとマスターらしきちょっと厳つい人が出てきて、本当に怒られた。私は慌てて冗談ですと言いながら小銭をかき集める。すると二百円くらいになり、ちょっと足りなかったが、あとはひたすら謝って許してもらった。

南の島の人はきっと大らかだからシャレが通じるかと思ったが、世の中そんなに甘くはない。これは逃げていればれっきとした食い逃げであって、警察に通報されなかっただけありがたい。

その日は仕方なく浜辺で眠ることにした。めちゃくちゃ腹は空いていたが、日照りの中何時間も歩き回った体はクタクタで、心地よく冷えた砂の上ですぐに眠りについてしまった。

翌朝、日の出の時間。体に異変を感じて目を覚ました。顔や手足に何とも言えない不快感があったのだ。飛び起きてみると、なんと体中をヤドカリが這いずり回っているではないか！　慌てて払いのけ、辺りをよく見まわしてみると、浜一面何万という無数のヤドカリが海に向かって一斉に移動している。ヤドカリの習性なのか、たまたま産卵日だったのかはわからないが、そんな数のヤドカリを見たことは今までにない。まるで眠っている間に小人たちに縄で縛りつけられたガリバーになったような気分で、その異様な光景を見ていた。

さて、本当に一文無しになってしまった私は、もうその日に決着をつけるしかない。こうなったら最終手段を使おうと、昨日最初に声をかけた民宿にもう一度足を運んだ。

そして開口一番「お願いします！　お金は一切いりません。タダ働きでいいので、働かせてください」と言った。「タダ」という魔法の言葉に、さすがに女将さんも断ることはできず、そうして何とか寝床と食べ物を確保したのだった。女将の顔がマリア様に見えた。

翌日は、早朝から叩き起こされた。風呂の掃除、大量のシーツやタオルの洗い物、布団の上げ下げなど、夜遅くまで細々と働かされた。まともな賄は一日一回、寝床は案の定カビ臭い布団部屋で、もちろんクーラーはない。うだるような暑さの中で、蚊に食われながらも泥のように眠った。自分からタダ働きを申し出ておきながら、女将の顔がだんだん悪魔に見えてきた。全く割に合わない仕事量だったが、解釈を変えて、自分は古代ローマ時代の奴隷だと思い込んでみる。そう思えばこの布団部屋はむしろ天国みたいなものだし、ヤドカリに襲われる心配もない。

しかし大事なことを忘れていた。確かに飢え死にする心配はなくなったが、このままでは東京に帰れない。そこで私は次々とやって来る旅行客に、現在の私の状況がいかに悲惨であるかを大げさに伝え、この後の移動先でもしバイトの募集があったら何でもいいから連絡をして欲しいと頼んだ。

朗報は、十日後に届いた。石垣島の近くにある竹富島という小さな島で、夏休みの間だけ急きょバイトの募集があったのだ。実は内地のある不動産会社が、その島でホテルの建設工事を進めていたそうなのだが、島民の猛烈な反対にあい建設を中断。そこで少しでも損失を埋めるために、既に完成していたレストランを夏の期間だけ営業することになったのだという。ただしバイト代は、日給千円。時給ではなく日給だ。思わず「えっ」と耳を疑ったが、背に腹は代えられない。一ヶ月休みなく働けば三万円になる。宿代もかからず食事も支給してくれるという条件だ。悪くない。これならギリギリ船で帰ることができる。

問題は、その島に行くまでの船賃がないことだ。民宿の女将に事情を話すと、なんと女将はその船賃分を出してくれた。悪魔ならそのまま私をタダ働きさせることもできただろうに、その情けが心に沁みた。やっぱり女将はマリア様だ。

しかし情けにしても、なぜ船賃を出してくれたのか？　私がタダ働きにも関わらずあまりにも一生懸命に働いたからなのか、あるいは哀れな捨て猫に餌を恵んでくれただけなのか、はたまた私がいい男で女将のタイプだったからなのか（だったら扱き使われないか）、その理由は聞かないでおいた。

それから一泊二日の船旅を経て竹富島にたどり着くのだが、そこでもいろいろな事件があった。旅行客をナンパしたことがばれて雇い主にビンタされたり、その雇い主が実はゲイで危機一髪の夜があったり、猛烈な台風が二回もやってきたり、原因不明の高熱を出して苦しんだり。渦中は大変でも、そういう想定外の体験が今でも心のアルバムの中を賑わしている。

結局、台風の影響もあって沖縄の滞在は二ヶ月に延びたものの、何とか無事に東京に帰ることができた。

しかし旅は終わった訳ではない。むしろ人生というシナリオのない旅はそこから始まったと言えるだろう。東京に帰って来て、しばらくしてから本当に劇団を立ち上げたのだが、それからとんでもない事件に巻き込まれていくのである。

詳しくは『ライフ・イズ・ビューティフル』（ソースブックス）という私の人生という旅の記録を綴った本に克明に記してあるので、是非とも読んで笑っていただきたい。あまりにも馬鹿げていてでたらめではあるが、きっと人生という旅を素敵に感じてもらえることだろう。

セールスマン人生という旅もまた然り。どんな出会いがあり、どんな別れがあるのか、どんなラッキーな出来事があり、どんなトラブルやアクシデントが待ち受けているのか。それを一番面白がるのは、あなた自身だ。大いにシナリオのない旅を楽しんでいただきたい。

父【ちち】

日本中から「親父」がいなくなってしまった。いるのは「パパ」ばかりだ。現代における父の存在とはいったい何なのか。

母と子の絆は無敵である。初めて一人暮らしをして無性に寂しくなったとき、自然と思い出されるのは決まって母親の顔だった。時代がいくら変わっても、これは本能的なものであろう。何と言っても、子どもはもともと母親の肉体の一部であったのだからしょうがない。

それに対して現代日本における父の役割は、「家庭の経済を支える大黒柱」という印象ですら残っているのかどうかはなはだ疑問だ。いずれにしても昔のように存在感のある頑固で怖い親父のイメージとはずいぶん変わってしまった。辺りを見回してみても、親父と呼べるような父親はいない。いるのは「パパ」ばかりだ。

ここぞという場面で雷を落とす訳でもなく、茶の間でふんぞり返ってテレビのチャンネル権を独占する訳でもなく、バイトをしてもいいか進路をどうするかなどの決定権を持っている訳でもない。仮に父親が単身赴任で、ずっと会えなかったとしても、子どもの成長に大きな影響はない。これは少々言い過ぎかもしれないが、母親の不在とは比べ物にならないのではないだろうか。

私が小学生のとき、五つ離れた兄が、「もし父ちゃんと母ちゃんが離婚したら、お前どっちについていく?」と聞いてきた。「そりゃあ母ちゃんに決まっている」と答えようとする前に「俺は絶対母ちゃんだ」と兄が言った。先に言われたものだから、兄の後に続くのは悔しく、「じゃあ、俺は父ちゃん」と無理に反発してしまったが、口にしてしまったことをすぐに後悔した。あの父ちゃんと二人きりで暮らすなんて考えられない。それはもう小学生だった私には受け止めきれない非現実的な話だったのだ。結局、離婚するという話は兄の勝手な想像で、実際には私が父と二人で暮らすという悲劇は起こらなかったのだが。

私の父は、かなり偏屈な人物である。それもちょっとやそっとではなく相当の。常識や規則といったものが大嫌いで、自分が認めたもの以外は、一切を否定する。

私が父について書いた『オーマイ・ゴッドファーザー』（エイチエス）を読んでいただいた方は、頷いてくれるだろうが、たとえば、テレビはＮＨＫしか見ないし、スポーツは、サッカーとボクシングと相撲と高校野球以外は全部八百長だと言う。「男は、夜は飯を食わない」と言って、酒と豆しか口にしない。ハリウッド映画を観ると目が腐る。歌謡曲を聴くと耳が腐る。漫画を読むと馬鹿になる。そして政治家は全員詐欺師だ。もうめちゃくちゃなのである。

そして、子どもにまで音楽はクラシックと民族音楽以外は聴くなと自分の勝手な価値観を押しつける。では民族音楽とは何なのかと聞けば、これがまたややこしい。フランスのシャンソン、ポルトガルのファド、ラテンアメリカのフォルクローレ、ジャズや黒人霊歌などは聞いても良く、日本人の魂である演歌はダメなのである。

そんな訳で、テレビの歌番組で百恵ちゃんやキャンディーズを聴いているときに父が帰ってくると大変だ。必ず「消せ！　歌謡曲なんて耳が腐る！」と怒鳴られた。しかし五輪真弓の『恋人よ』と、もんた&ブラザーズの『ダンシング・オールナイト』に限っては「こりゃあ、いい歌だ」と絶賛する。いやいや、これらも歌謡曲ではないか。

不思議なのは、読む本や聴く音楽に関しては口うるさい父なのだが、「勉強しろ」とは一度も言われたことがないことだ。進学や将来のことにも口を出したことがなかった。それどころか、礼儀作法や箸の持ち方すら教えられたことはない。私が「大学受験はしない。映画監督になるために、まず役者になる」と言ったときも、妹が学生結婚したときも、「ああそうか」の一言で終わった。

しかし、私が初めてスピルバーグ監督の『ジョーズ』を観て、興奮しながらその面白さを父に伝えると、ここぞとばかりに本領を発揮する。

「お前は騙されとる。ハリウッドの映画なんてものはな、投資家たちが金儲けのために作っとる映画や。監督が人生を懸けて作っとる映画とは違うんや。どういうストーリーやったら人は笑うか、泣くか、感動するか研究されたレシピがあって、その通りに作っとるだけや。せやから同じような話ばっかりやろ。化学調味料たっぷりのハンバーガー食わされとるようなもんやぞ。もっと本物の映画を観なあかん」

「本物の映画って何なん?」

「たとえばやな、イタリア映画の『自転車泥棒』とか、ポーランド映画の『灰とダイヤモンド』とか、フランス映画の『オルフェ』とかや」

「そんな映画やっとらんよ」

「それがな、名古屋の今池に名画ばっかりやっとる映画館があってな……」

と、こんな具合である。


そんな思い出話を妻に話すと、「お父さん、お義父さんと全く同じことを言ってるよ」と返ってきた。そう言われて気づいたが、確かに私の偏った価値観は、ものすごく父の影響を受けていたのだ。

あれから私は父の言うところの本物の映画を観まくった。『ひまわり』『地下水道』『嵐が丘』『第三の男』『七人の侍』『東京物語』『街の灯』『ノスタルジア』『死刑台のエレベーター』『ベニスに死す』『モンパルナスの灯』……。数え上げたらきりがない。

最初はただただ父の真似をして、どこが面白いのかもわからないまま、やせ我慢しながら観ていた白黒の字幕映画も、次第に「面白い」という本質がわかるようになった。やがて友だちが『スターウォーズ』を観て興奮しているときに、私は黒澤明の『生きる』という作品を観て、志村喬の「寂び」の演技に涙するようになっていた。

中学生の頃になると、友だちとはもう完全に本や映画の話が合わなくなった。アンドレイ・タルコフスキー監督の『ストーカー』に出てくるゾーンの意味を誰かと熱く語り合いたかったが、そんな映画を観たことのある友だちは皆無だった。

しかしそんな偏った自分の価値観だが、不思議と嫌いではなかった。むしろ人とは違う強烈な個性を植えつけてくれた父には感謝している。なぜなら、弊社で私の片腕以上に貢献してくれているO氏こそ、人生で初めてタルコフスキー監督作品について熱く語り合えた人物であり、そのおかげで一瞬にして心が打ち解け、弊社に来てくれるきっかけとなったからだ。

タルコフスキーについて語り合う。それはもう、夢にまで見た空想上の理想の恋人と現実世界で逢えたようなもので、たとえるならお互いのポケットに入っていた一点物のジグソーパズルのピースが奇跡的にぴったり合ったような感動があった。

そして父から学んだ価値観は、仕事にも絶大な影響を与えている。私は成功哲学とかビジネス書という類の本を全く読まない。それこそ成功という化学調味料で味つけされた味しかしない駄菓子のようなものだと思っている。

しかし私は何百本という化学調味料を使わない骨太の映画を通して、成功のサンプルや失敗の法則、人生の厳しさ、運命の不条理、社会の矛盾、人の情、敗者から見た歴史などさまざまな価値観を学ぶことができた。そのことが現在の仕事である研修事業に大いに役立っている。

売れないセールスマンの特徴は、失敗を恐れるばかりで失敗から学ぼうとしないことだ。すぐに成功できる即席のノウハウばかりを探している。失敗こそ偉大なる成功の父だというのに。

もちろん、不慣れなセールスマンが右も左もわからないまま飛び出すのは不安だろう。だから行動するきっかけとしてノウハウを手にするのは否定しない。弊社でも教材を出している。ただ、それを軽く読んだだけで成功すると思うのは大間違いで、教材を採用して成果を上げたセールスマンは皆、何度も何度もノウハウを基に実践と失敗を繰り返しているのだ。

売れないセールスマンが成功する方法などを聞いても役に立たないと言っているのは、セールスやビジネスの成功とは、毎日違う場所に地雷が埋められている場所を、安全に向こう側に渡るようなものだからだ。昨日はそのルートで渡れたとしても、今日も渡れるとは限らない。それよりも、地雷がどこに埋まっているのかを発見する方法を見つけることこそが永続的に成功する方法なのだ。それは、失敗を知り尽くすことである。

失敗という父は、あなたに痛みをもって教えてくれるだろう。

商売の厳しさや人生の面白さを。

なるほど、つまり父の存在理由とは子どもに哲学を教えることなのではないだろうか。哲学を持っている父親の子どもは、父親の価値観に憧れ、その生き方を真似ようとする。

みんなと同じであることより、個性的であることに自信を持つ。

現代の父親の存在感がなぜ薄いのか。それは、時代が変わって父の威厳がなくなったからではない。現代の父親が哲学を持たなくなったからだ。そして呼び方も「パパ」に代わった。パパと呼ぶのは構わないが、世のパパはみな真面目で品があって物わかりがいい。しかし、自分の頭で考えない。自分の足で探そうとしない。だから自分の価値観というものがないのだ。

上手い店一つ探すのも正解を求めてすぐにインターネットで調べる。なぜそんなことをするのだ？　そんなことをするから、やっと見つけた奇跡の居酒屋も、隠れ家のような温泉宿も、何の努力もしない、何の哲学も持たない奴らで溢れてしまう。

そうすると、多くの店が繁盛するのと引き換えに味も質も落ちていくのだ。贔屓にしていた馴染みの客の足は遠のき、ブームが去るとともに閑古鳥が鳴き始める。これは店側にとっても、決して良いことではない。

哲学を持たない人間に育てられた子どももまた哲学を持たず、自分の目や舌や耳で判断をしなくなる。ましてや哲学など持っていない父親を頼ることもできず、父親と同じようにすぐにレシピやマニュアル本、インターネットで正解を求める。そんなことをしていたら、いずれ父という存在は「レンタルお父さん」というＡＩロボットに取って代わられてしまうだろう。

世の父たちよ、正解を求めることをいったん手放して、自分の哲学、偏った価値観を磨こうではないか。勧善懲悪のわかりやすい映画だけでなく､答えのない映画を観よう。偏屈な哲学者の本を読もう。教科書には載っていない裏の歴史を学ぼう。流行っていない店があったら入ってみよう。ナビを消してドライブに行こう。

そうやって培った自分の経験値を基に、自分の人生観を語ってやるのだ。その結果、頑固親父だと嫌われるのも大いに結構。その瞬間嫌われたとしても、その後の長い人生において、いつか感謝する日がくるかもしれない。自分が信じる哲学をもって、子どもたちにその生き方を見せてやることこそ、かけがえのない父の存在理由なのだ。

月【つき】

この世に太陽がなければ、生命は誕生できなかったであろう。

一方、この世に月がなかったとしても、生命は存在できたのではないだろうか。

しかし、もし存在できたとしても、月のない世界になど全く魅力を感じない。それは、音楽や芸術のない世界と同じくらい、この世をつまらなくしてしまうだろう。

太陽と月は対照的だ。

人が悪いことをしようとするときに、お天道様が見ていると思うと、罪悪感が湧いてきて思い留まったりするのだが、お月様に見られていると思っても、なぜか思い留まる者は少ない。お月様なら、ちょっとくらいの悪さは優しく許してくれそうな気分になるのだろうか。

あるいはむしろ、月光の魔力が人の犯罪心理をかきたてるのかも知れない。実際にインドでは満月の夜は犯罪率が二倍になるというデータがあったり、カナダでも満月だとオートバイの死亡事故が増えたりするという研究発表がある。月の出ない真っ暗な夜よりも、明るい満月の夜の方が犯罪や事故が増えるというのは実に興味深い。科学的根拠はまだ薄いらしいが、良くも悪くも月には人を魅了する不思議な力があることは間違いない。

月の魅力は、その姿を変えていくところにある。三日月と満月では印象が全く違う。よりミステリアスで魅力的なのは三日月の方だ。紙に月の絵を描いてごらんと言われれば、人は無意識に三日月を描いてしまうだろう。月のマークで有名な「花王」をはじめ、月をモチーフにしたマークやロゴのほとんどは三日月であるし、月光仮面もセーラームーンも、おでこの月は満月ではなく三日月だ。

聖書を売りつける詐欺師と親を亡くした少女が、旅をしながらやがて本当の親子のようになっていく物語を描いた、私の大好きな『ペーパームーン』という映画の、大切なシーンに出てくる記念写真を撮るための月もまた三日月だ。

しかし、なぜこんなにも三日月が人気なのだろうか?

太陽や満月にはなくて、三日月にはあるもの。

それは、「影」である。

人は、時に光よりも影に惹かれてしまうのだ。

セールスマンの魅力も同じである。裏表のない、いつも太陽のように明るく真面目で正直な人は、安心感はあるし好感も持てるが、少なくとも私は魅了されることはない。もちろん好みは人それぞれであり、影のない、健全で真面目な人の方が好きだという人もいるかもしれない。しかしそのような人に、セクシーさという妖しい魅力を感じることはないだろう。

昭和の大スターである高倉健や松田優作、時代が変わって現代の若手スター山田孝之や菅田将暉、みなセクシーであり役者としても超一流だ。彼らに共通するのは、影である。仮にサザエさんが実写映画化されても、松田優作にマスオさんのオファーは絶対に来ない。

しかし、最近は影の部分を嫌う風潮が強い。セールスマンにしても、健全で明るく、品行方正でなくてはならない時代になってきた。毒舌なセールスマンは排除される。

確かに怪しい魅力を持つセールスマンは人を惹きつける。そしてその中には、詐欺のように悪い商売をする人間がいることも事実だ。だからセールスマンたちは、「インチキくさい」というレッテルを貼られるのを恐れて、自分の魅力である影の部分を捨ててしまう。誰から見ても明朗で真面目が売りの、どこにでもいる画一的なセールスマンになってしまう。だったらもう本当にＡＩでいいじゃないか。

間違ってはいけない。「インチキくさい」と「インチキ」は別物なのだ。

怪しい魅力に蓋をするのではなく、「怪しい」を「妖しい」に成長させるのだ。

ロボットのような無味無臭を目指すのではなく、詐欺師のような胡散くさい臭いでもなく、自分だけの誇り高き香りを放つのだ。

そのためには、あなたの影を磨くことだ。

しかし残念なことに、問題はマーケットの方にもある。最近は音楽でも映画でも何でも、明るく楽しくハッピーな方が商品として売れる。絶望で終わる映画なんて誰も観ない。未練ばかりの重苦しい歌は誰も聞かない。子どもが読む絵本は必ずハッピーエンドでなければならない。少しでも不祥事を起こしたタレントは、目の敵のように叩かれる。不謹慎な言葉を口にすれば、すぐにクレームが来る。

これらの全てを否定するつもりはないが、建前だけの品行方正ばかりが目立ち、世界が薄っぺらくなってしまったように感じる。まるで演劇の大道具によくある張りぼてのお月様のようだ。

明るい光だけの世界など、「アイドルはおならをしません」というのと同じくらい嘘くさい。この三次元の世界は光と影でできているのだから、影の部分をなくすということは、立体をやめて二次元の世界になるということだ。

それにしても、次々と出てくるあの大勢で踊りながら歌うアイドルたちは、確かに楽しくて可愛らしいのだが、マンガやアニメの登場人物のように清廉潔白でリアリティがないと感じるのは私だけであろうか。何だか心配になってしまう。なぜなら、もしスキャンダルでも発覚して黒い影の部分が見えたりしたら、とたんに世間の見る目は変わり、アイドルとしての商品価値を失ってしまうからだ。

そういう商品をマーケットが求めているのだからしょうがない、と言う人もいるが、本当にそれでいいのだろうか？　いや、そんな商売をしてはいけない。儲かるなら何でもありではダメなのだ。そもそも、そのマーケット自体が間違っている。

影の部分が強い作品や商品を嫌うのは、マーケットが、つまり消費者が影の部分を許容できないからに他ならない。悲しみや苦しみに耐えられない、傷つきたくない、苦労したくない。言い換えれば、「楽しいことだけして生きていきたい」という安易な価値観を持った人間が増殖しているのだ。しかし、だからと言って麻薬のような餌をばらまいて儲けるのは商売の道に反する。

携帯やスマホのゲームもまた然りである。あのゲームにはいったいどんな価値があるというのだ。稼いだ点数で米や野菜でも買えるというなら大いに結構だが、ただただ時間を潰しているだけではないか。いい年をした大人までもが通勤電車や家に帰ってまで夢中になるという有様だ。

わずかに空いた時間さえも甘くて楽しいことだけで埋めてしまう。

きっとその人のキッチンにある調味料は、砂糖と蜂蜜だけなのだろう。

甘くて楽しいだけでは心だって栄養失調になってしまう。悲しみや苦しみや厳しさは、避けるのではなく、心の栄養素として取り込むことが大事だ。栄養素の高い食べ物は、大抵苦い。だから人としてもっと自分の魅力を発揮させるためには、自分の中にある影の部分に興味を持つことだ。そして自分の影を磨くのだ。自分の趣味ではなくとも、時にはテレサテンや中島みゆきの悲しい歌詞を味わい、後味の悪い小説をむさぼり読み、絶望で終わる映画に涙するといい。

私が一番多く観た映画は、フランス映画の傑作『天井桟敷の人々』である。劇場で十八回観た。三時間に及ぶ長い映画だが、演劇をやっていた私は、観るたびに魂を揺さぶられた。内容は悲劇で、お互いに愛し合っているのに別れてしまう、悲しい恋の物語である。しかし、別れてしまうからこそ思い出は美しいのだ。

さらに、この映画はカメラワークが素晴らしい。物語の終盤、ついに二人は一夜だけ結ばれる。最近の映画なら、美しいＢＧＭに乗せて何台ものカメラを使って撮るところだろうが、この映画は違った。

二人がベッドに倒れ込むあたりでカメラのフレームがそっと二人から外れ、アパートの窓に移る。するとそこには、綺麗な月が輝いている。もう、それだけで十分。観客はその美しい月を通して二人の幸福感を感じることができるのだ。まさにそのラブシーンは月のような美しさであった。そして、やがて欠けていく二人の未来をも予感させた。

そのものを映すことよりも、映さないことでより深く心に印象を残す。

監督のその感性に感動を覚えた。

愛し合っているなら、別れることはないじゃないかと思う人がいるかもしれないが、それは少々浅はかではないだろうか。満月の後は決まって欠けていくもの。満たされてしまった愛もまた、月のように次第に陰っていくだろう。しかし満たされない愛は、目を閉じるたびに愛する人の面影が月のように妖しく優しい光を放ち、悲しみという心の闇をずっと照らし続けてくれる。結ばれないからこそ、その想いは永遠になるのだ。

この人生の理不尽な苦味を味わえるような人間でなければ、
人の痛みや苦しみや悲しみに共感することはできない。
共感できなくては、人の心は開けない。
それは、セールスマンにとっては致命的だ。

だからこそ、徹底的に影を磨くのだ！
影を磨き、薄っぺらな二次元の世界から抜け出そう。黒々とした影を引き連れて、この三次元の世界で人々を魅了してやる存在となるのだ。

敵

【てき】

「男は敷居を跨げば七人の敵あり」という諺がある。

「男は」と言うが、今の時代は男も女もいったん社会に出れば多くの敵がいるだろう。確かにこの世は敵だらけ。初めて東京に出てきたときは、街を歩く人間全てが敵のように見えたものだ。しかし敵にもいろいろある。少なくとも七つのタイプがあるというのだから、それについて考えてみよう。

一番目「好敵手（ライバル）」

しかし、この敵はまた友でもある。宮本武蔵に佐々木小次郎。武田信玄に上杉謙信。星飛馬に花形満。矢吹丈に力石徹。ルパンに銭型警部。悟空にベジータ。アンパンマンにバイキンマン？

いずれにしてもライバルは、自分を鍛え、成長させてくれる重要な存在であり、この存在がいるといないとでは、人生の面白さが変わってしまう。

『ドラゴンボール』の主人公である悟空が、強い相手と出会ったときの口癖はこうだ。

「おめえ、強そうだな。おら、わくわくすっぞ！」

普通、自分よりも強そうな相手と戦うことになったら、ビクビクしそうなものだが、悟空は知っているのだ。自分よりも強い相手と戦うことによってのみ、自分の成長があることを。

セールスマンに限らず、社会に出たら、まずライバルを見つけることだ。その強さを認め、敬意を払えるような相手を。そんなライバル以上に自分を磨いてくれる師匠はいない。そして、そのライバル同士にやがて友情が芽生えたとき、それは本物の親友となるのだ。

二番目「殺し合う敵」

これは、戦争をしている状態の敵である。もちろん互いに成長や情はない。ただ勝つこと、倒すことだけが目的の最も醜い存在である。恐ろしいのは、自分の私利私欲のために戦っているにもかかわらず、それが正義だと思い込んでいるところだ。そのため、どちらかが死ぬまで終わらない。ルール無用、愛もなければ罪悪感もない。

もしこんな敵に出会ってしまったら、さっさと逃げるに限る。たとえ勝ったとしても、負けた方には恨みが残り、いずれ仇討ちを互いに繰り返す無間地獄となるのだから。

三番目「足を引っ張る敵」

この敵は、意外と近くにいる。

故意ではなく足を引っ張る者は、敵とは言わない。むしろあなたを成長させてくれる存在だと解釈をしてみればいいのではないだろうか。しかし、故意に足を引っ張る者には気をつけなければならない。なぜならその者は、すでにあなたのことを裏切っているからだ。

武士道においては、「裏切る」という卑怯な行為ほど恥なことはない。武士はどんなに相手が憎くても決して後ろから襲うことはない。戦うときは、正々堂々と名乗りを上げて正面から向かっていく。仮面ライダーと戦っているあのショッカーでさえ、ライダーが変身する間は攻撃をしないで待っていてくれるではないか。ちゃんと武士道を心得ている。

問題は、この卑怯な敵が足を引っ張る動機だ。

おそらくは、あなたに対する妬みや僻(ひが)みである。コンプレックスが強く、自信がないのに自尊心が強い。そういう相手に対して承認や評価を怠ってしまうと、ますます足を引っ張ってくる。しかし、逆にしっかりと承認をして信頼すれば、心強い味方になってくれることが多い。コミュニケーションの取り方ひとつで、人間関係は大きく変わるのだ。

四番目「利用しようとする敵」

「手柄泥棒」あるいは「テイカー」とも言う。何よりも自分の利益を優先させる人間のことだ。

その敵の頭が悪ければ、ただ損得勘定の強い嫌な奴というだけで、そんなに恐れることはないだろう。『ゲゲゲの鬼太郎』に出てくるねずみ男のような、ずるいが、どこか憎み切れない存在だ。

しかし、頭が切れる敵だとしたら、非常に恐ろしい存在となる。天使のような顔をして近づいてきて、あなたの手柄、財産、仲間などを奪うだけ奪っていくのだ。こんな奴とは、できる限り関わらない方がいいだろう。

見分け方は簡単で、後者は裏表がはっきりしている。利用価値のある相手には優しく、あるいは媚びへつらう。利用価値のない相手には非情で、手厳しい。ちなみに、弱い立場の人間からの人望は全くない。

そんな上司の下に配属された人間はさぞかし不運だと嘆くかもしれないが、いやいや、とんでもなくラッキーである。なぜなら、あなたに「いかに人望が大切であるか」ということを教えてくれる反面教師なのだから。

五番目「見えない敵」

匿名の敵。これほど恐怖を感じるものはないだろう。最近問題になっているネット上での批判や、攻撃的な書き込みがまさにそうだ。

これもまた、卑怯で野暮な人間のやることである。ＳＮＳを活用する以上見えない敵を避けることはできないかもしれないが、無視することはできる。それなのに、なぜかエゴサーチをして、見なければいいものをついつい見てしまう。それが人間の性というものなのだろう。

好意的なことが書いてあれば喜ぶが、酷いことが書いてあれば落ち込む。気にするなと言われても気にしてしまう。そしてまた落ち込むとわかっているのに見てしまう。

人間とは、本当に馬鹿な生き物である。

書いている方は、さほど罪悪感もなく、人を傷つけているという自覚も薄いだろう。しかしやっていることは、草むらに隠れて後ろから石をぶつけているのと同じことだ。卑怯極まりない。

法律で裁こうという動きもあるが、それよりもいい考えがある。ＳＮＳで人を攻撃する内容の文章には、レベル１から10まで自動的にランク付けし、送信すれば有料とする。

例えばレベル1は千円、レベル10なら一万円で、そのお金はそっくりそのまま攻撃された人間に振り込まれるというのはどうであろう。

これなら攻撃された方も何とか我慢できるし、攻撃する方も遠慮なく何でも言える。

昔、渋谷に一回千円で殴られる「殴られ屋」というのがあって、人を殴りたいくらいストレスが溜まっている人を相手に商売をしていた。社会的に問題はあったが、需要と供給はマッチしていた。凄いことを考える人がいるものだと驚いたが、今回は、それのＩＴバージョンである。しかも怪我もしない。実にいいアイディアだ。

六番目「愛情の裏返しの敵」

ある意味、これが一番怖いかもしれない。酷い場合には、殺人事件になることもある。恋愛でもビジネスでも、一番大事な場面は、別れ際なのである。別れ方が酷い人間は、こういう敵を作ってしまう。

基本的に別れたい、辞めたい、抜けたい、縁を切りたい、というのは自分の利益のためである。欧陽菲菲が歌う『ラヴ・イズ・オーヴァー』のように、相手のために別れるというなら美しいが、そうでなければどんなに正当な理由があっても、相手に不利益を与えるということを知らなくてはいけない。そうすれば、自ずと別れ方について考えるようになるだろう。

正しい別れ方などというものはないし、ましてやノウハウなどを求めてはいけない。
「上手な別れ方」などを語っている人間は、うさん臭い。

また、昨今では別れを告げる代行業なるものが存在する。暴力を振るう相手との別れ話をまとめるというのならわかるが、個人的な理由による退社や、不倫相手との別れ話などの代行まで引き受けるというのだから辟易する。

誰にでも、自分の人生のために別れ話をしなければいけないときがあるだろう。

そんなときは、一切の自己正当をやめ、一発殴られるくらいの覚悟を持って、ひたすら悪役に徹するしかないのだ。相手の人生のためにも、決して相手をそんな敵にしてはならない。

七番目「自分という敵」

この敵は手強い。敵の正体は、自分の「心」なのだ。

「心の感じるままに生きよう」「自分の心を信じろ」などというフレーズを聞いたことはないだろうか？　騙されてはいけない。これはとんでもない間違いである。心のままでいいのは、音楽や芸術の類を味わうときだ。

人間の心ほどわがままなものはない。

信じるなら「頭」の方だ。頭はいつも正解を導き出している。ところがそれに反発しているのが心なのだ。学生の頃を思い出してみて欲しい。試験の前日、頭は「勉強した方がいい」と言い、心は「遊びたい」と言う。悪戯にしても、頭は「止めておけ」と言うが、心は「やっちゃえ」と言う。

大人になってからも同じである。いつだって頭は正しい答えを知っている。しかし心はわがままな子どものままだ。心のままに生きたら、世界は犯罪者だらけになってしまう。だから人生で迷うことがあったら、迷わずに「頭」に従うことだ。

しかし、実はそれが一番難しい。頭と心が争えば、圧倒的に強いのは心の方なのだ。心はとんでもなく口が上手い。まるで詐欺師のようである。分別がついていない子どもの社会よりも、善悪も分別もあるはずの大人の社会の方に犯罪が多いのがその証拠だ。心に分別はなく、あるのは「やりたい」か「やりたくない」だけだ。

では、どうすればいいのか？

そのために、メンタルトレーニングというものがある。世の中には筋肉と同じようにメンタルを鍛える仕組みがいくらでもある。弊社の教材や研修もその一つだ。不幸な人間の共通の口癖は「今さらやっても意味がない」だが、いやいや、年齢は関係ない。何歳からだって未来は変えられるのだ。

自分という敵にやられて、たった一度しかない人生を台無しにするなどもったいないではないか。自分の心を敵にして一生戦い続けるか、親友にして最大の味方にするか、それはあなた次第で変えられるのだ。

セールスマンであるあなたには、どんな敵がいるであろうか?

この機会に、じっくりと考えてみることをお勧めする。

友【とも】

友だちはいるかと聞かれて、はっとする。「いや、この時代友だちなんか必要ない」などと思っている者は、心して読んで欲しい。人の価値は友だちの質で決まるのだ。一方で、誕生日パーティーに友だちを百人呼んだとか、ＳＮＳで友だちが何千人できたとか、友だちの数を自慢する者もいるが、それは友だちの数ではなく、知り合いの数だ。一度でも一緒に酒を飲めば友だち？　いやいや、友だちというのはそんな軽いものではない。

敬愛する執行草舟さんの著書『生くる』によれば、「真の友とは、その相手のためにならば、命を投げ出せるという関係」とのことだそうだ。それが親友の基準であるなら、私には親友と呼べる存在はいなくなってしまう。

仮に、命は投げ出せないとしても、相手が困っているときに、理由も聞かずに百万円貸してやれる間柄を友だちとしてみよう。しかもそのお金は返ってくる当てはないものとする。するとようやく四、五人くらいが頭に浮かぶ。いや、ちょっと見栄を張ってしまった。本当は、二、三人だ。

何の見返りもなく、損をしてでも力になってやれる相手。これはもう、親子や兄弟のレベルだ。それくらい深く付き合える相手は、もしいたとしても、せいぜい数人であろう。あるいは、たった一人でもいれば凄いことではないだろうか。

だからといって、自分は友だちがいないと落ち込むことはない。誰でも友だちなんて多くはいないのだ。いるのは、ただの知り合いだ。知り合いが何千人いようと、そんなことにはあまり意味がない。それよりも、人生を懸けてたった一人の親友を見つけることの方が何百倍も価値がある。

イラン映画に『友だちのうちはどこ?』という素晴らしい作品がある。アッバス・キアロスタミという絵本作家から映画監督に転身した人の傑作だ。

イラン北部の貧しい村の小学校に通う少年が主人公である。話はいたって単純で、主人公の少年が、隣の席の子の宿題用ノートを間違えて持ってきてしまい、それをその子の家まで返しに行くというだけの話だ。

しかし、日本とは違ってイランには学校が少ない。そのため子どもたちはいろんな村から山を越えて一つの学校に通っているのだ。だから隣の席の子がどこに住んでいるのかも基本的に知らない。そして困ったことに、その子は明日までにそのノートに宿題を書いて提出しないと退学になってしまうという状況だった。

主人公の少年は、ノートを持ってその子を探して走る。山を越え、畑を越え、隣の村まで走る。しかしその村にその子はいない。その名前の子なら、あっちの村にいると聞き、また走る。しかし今度は人違い。残念なことに、イランでは同姓同名が多いのだ。そして、少年はまた走る。もう『走れメロス』のメロスように走る。

こうしてただひたすらに少年が走っているだけの映画なのだが、胸が熱くなる。観ている世慣れた大人たちは「退学なんて先生の脅しなんだから、明日の朝にでも学校で返せばいいじゃないか」と思うかもしれないが、純粋無垢な少年は、先生の言葉を鵜呑みにしてしまい、不器用に懸命に、力尽きるまで走る。

その走る姿から、言葉よりも鮮明に少年の思いが伝わってくる。相手のために走るという行動は、人間がとれる行動の中で、最も美しいものだとその映画は教えてくれる。

私は誰かのために命懸けで走ったことはあっただろうか？

あるいは、私のために走ってくれる人はいただろうか？

そういえば昔、借金取りがもの凄い形相で走って追いかけてきたことはあった。

しかし、私には親友はいなくとも、悪友はたくさんいる。

仕事で付き合いのある仲間もそうだし、劇団時代の仲間もそうだし、一緒に便利屋を立ち上げた男もそうだ。

親友という存在はあまりに崇高だが、悪友ならばざっくばらんに付き合える。いや、むしろ真の友とは、親友のことではなく悪友のことを言うのではないか？

悪友のいいところは、まず相手が困っていても金を貸さなくていいことだ。なぜなら悪友は、どこまで行っても対等でなくてはならない。貸し借りをすれば必ず強弱や優劣などの力関係が生まれてしまう。そのため貸し借りをした時点で悪友ではなくなるのだ。もし、万が一にも借りを作ってしまったら、すぐに倍にして返す。それが悪友の掟だ。たとえばルパン三世と次元大介の関係がそうだろう。

言葉を交わさなくても意思の疎通ができ、互いを罵倒し合っても喧嘩をしても、傷つくことはない。しかし、ピンチのときにはさりげなく助け合う。この「さりげなく」というところが大事である。決して一生懸命に助けてはいけない。相手が恩を感じてしまうような助け方は悪友のレベルではない。悪友の間に、そんな恥ずかしい行為は野暮である。

悪友がお金に困っていたら、貸すのではなく、くれてやるのでもなく、何か理由をこじつけて、貰ってもらうのだ。それが悪友の美学である。

このソーシャル・アライアンスという会社を立ち上げ、私を巻き込んでくれた悪友がいる。ちょうど私が劇団を解散し、仕事を全部やめて絵本作家を目指していた頃のことだ。本気になれば、絵本なんてすぐに出版できるだろうと高を括っていたら、知れば知るほどとんでもなく難易度が高い世界だった。全ての絵本出版社に相手にされず、しかも収入ゼロの状態が数年間も続き、どん底の人生を送っていたときに一本の電話が鳴った。

「岡根、悪いんだけど助けてくれないか。お前の力を貸して欲しい」

助けてくれという内容は、弊社ソーシャル・アライアンスを創立することだった。いや、助けられたのは完全に私の方だ。私の存在などなくとも、彼はこの会社を立派に立ち上げることはできたはずだ。

しかし風の便りで私のピンチを知った彼は、「助けてやろうか」ではなく、「助けてくれ」と言ったのだ。私の性格からして、助けてやろうかと言われれば、余計なお世話だと言うに決まっている。

こんなことをさりげなくできる奴はそうそういない。持つべきものは悪友である。

しかし、悪友を甘く見てはいけない。

悪友を作るためには、まず、自分が悪友になれる条件を満たしているかどうかを知る必要がある。誰でも悪友になれる訳ではないのだ。

悪友の絶対条件は「自立」していることである。自立とは、一人暮らしをしているとか、経済的に独立しているとか、そんなことではない。自分で考え、自分で決断できるということだ。

そしてもう一つ、これが最も肝心なのだが、全てのことを自己責任として受け入れられるということだ。どんなことがあっても、決して人や環境のせいにしない。地震が起きても、火事になっても、雷に打たれても、全ては自己責任として受け入れる。

この二つの条件をもって、自立というのである。

もちろん、商売やセールスマンにとっても、悪友は大切だ。そして、その条件である自立は、セールスマンにとって最重要課題と言えるだろう。

しかし、そうすると大概の人間は悪友の基準から外れてしまう。残念なことに現代人のほとんどが自分の頭で考えない。考える前にネットで答えを見つけてしまう。旅行に行くにしても、料理を作るにしても、恋人とレストランに行くにしても、何でも検索すればそこそこの正解が簡単に手に入るからだ。

その行動心理は、自分は常に正しい側にいたいという価値観だ。そして失敗したら、情報や記事のせいにする。なぜなら自分は正しいと思い込んでいるからだ。情報を勝手に信じたのは自分であるにもかかわらず、すぐに「騙された」と被害者ぶる。

「情報を見るな」と言っているのではない。

「鵜呑みにして信じるな」と言っているのだ。参考程度にネットを見るのは役立つが、あくまでもそれは参考として、後は責任をもって自分の勘をフルに働かせることが大事なのだ。

恋人とのデートにしても、しくじらないデートを望むから有名なテーマパークにばかり人が群がるのだ。確かにそこへ行けば絶対に楽しいのだろう。楽しいかもしれないが、予想外のことはさして何も起こらない。全てが想定された安全の中で楽しんでいて、本当にそれで楽しいのだろうか。

私は御免被る。それならアマゾンの密林まで行って、本当のジャングルクルーズをしてやる。そんなところに行ったら、「おっと、危ない」などとのん気に言っている場合ではない。もう頼るのは自分の勘だけだ。

私は若い頃から海外に行くことが好きで、しかも普通なら人が行かないようなインドやペルーなど、今でこそ人気だが、当時としてはあまり治安のよくない国にわざわざよく行ったものだ。もちろんツアーではなく、行き当たりばったりの旅である。そんな訳で、何度か危険な体験はすることになったが、おかげで勘は鋭くなった。

特に海外では旅人を騙す悪い輩が多く、何度かまんまと引っかかった。しかし、そのうち段々とそれも見抜けるようになってくるから面白い。日本に帰って来てからもその能力は有効で、今では大抵の詐欺師は見分けられるようになった。まあ、それでも騙されたときには詐欺師にあっぱれと言うしかない。全ては自己責任なのだから。

そうすると、不思議なくらい腹が立たなくなる。時々痛い目には遭うし失敗もするが、腹は立たない。自己責任で受け入れると覚悟すれば、あとは経験値として積み重ねていくだけだ。

だからもうネット検索なんかやめて、勘を頼りに行動してみよう。

そして何よりも、自立することに興味を持つことだ。

親友がいなくても悩むことはないが、悪友が一人もいないなんて、人生、そんなもったいないことはないぞ！

謎【なぞ】

学ぶことの本質は、謎を解明しようとする探求心である。

学校の勉強が面白くないのは、初めから答えがわかっているからだ。答えが用意されている謎は、謎ではなく「なぞなぞ」だ。

知恵の輪が外れたときのように、謎を解明することは快感であり、エクスタシーである。ある意味で、その面白さに気づいた者は無敵である。遊びが学びになるのだ。子どもは本来この探求心に満ち溢れている。「何で空は青いの？」「何でお月様は追いかけてくるの？」「何で指は五本なの？」「何で、何で？」。目に映るもの全てが謎である。

しかしその探求心を大人が取り上げてしまう。何で何でとしつこく繰り返していると、次第に大人は機嫌が悪くなる。すると子どもは、疑問を持つことが悪いことのように思えてくる。そして学校や塾では、疑問を持つことよりも、正しい答えを覚えることの方が重要であると教えられる。ひたすら歴史の年号を暗記し、正しい答えを導き出す公式を暗記し、そうしているうちにいつしか自分で疑問を見つけ、自分で考え謎を解くということをしなくなる。

社会に出てから一度も使ったことはないが、数学の時間に、円の面積を求める公式は「半径×半径×π」と暗記させられた。そのおかげで、どんな円でも半径さえわかれば、円の面積を求められるようになった。しかしほとんどの人がなぜ「半径×半径×π」で円の面積が求められるのかを説明できない。説明できないし、学校でも教えないし、そんなことに誰も興味も持たない。危険なのは、説明できないことよりも疑問を持たないことの方である。

三角形の面積を求める「底辺×高さ÷2」というのは、少し考えれば理屈はわかるが、円の面積は簡単にはわからない。こんな簡単な数式で円の面積が求められるなんて不思議ではないか？　しかし誰も疑問を持たない。なぜなら、そんな問題はテストには出ないからだ。公式を暗記して、答えが合っていればそれでいいのである。

そんな思考パターンの人間が、経営をしたりセールスを始めたりしても、うまくいく訳がない。彼らは、うまくいった事例ばかりを真似していれば成功できると信じているのである。三角形の面積でも、円の面積でも、確かにそれぞれの公式さえ暗記してしまえば正しい答えを導き出すことができ、試験でいい結果を残せばいい大学にも合格できたのだが、商売はそんなに甘くはない。

セールスや商売の成功の秘訣は、失敗にこそあるのだ。失敗こそ宝の山であり、失敗の要因という謎を解くことが成功の扉を開ける鍵となる。

そもそも成功の事例などというものは当てにはならない。参考にはなるだろうが、相手が変わればその事例は当てはまらないケースがほとんどだ。数学の公式のように、全てに当てはまる便利な商売の公式などは存在しないのだ。

しかし、悲観することはない。商売やセールスにおける万能な公式はないが、成功にたどり着くルートはある。それは「引き算的思考」だ。

成功を見つけるのではなく、失敗を引いていくのだ。成功と同じように、失敗の事例も多種多様である。しかし無限にある訳ではない。理論上、無限にあるように思えるかもしれないが、実際にセールスをやってみればわかる。失敗の事例は「喋り過ぎて相手の話を聞かなかった」「安心感を与えられなかった」「反論されて言葉に詰まった」「タイミングが悪かった」など、せいぜい十個くらいである。

その失敗の一つひとつに対して、丁寧に「なぜ」という疑問を持って、その要因を探求あるいは探究する。同じ失敗を繰り返さないように準備をして、次のセールスにトライする。何度失敗をしても、同じ失敗を繰り返さなければ、必ず成功にたどり着くのだ。

最大のポイントは、失敗に興味を持つことだ。

興味を持つとは、「なぜ」と思うことである。

そのためには、日常の「常識」に「なぜ」を持つ習慣を身につけることだ。

なぜ時計は右回りなのか？　なぜ男性にだけ髭が生えるのか？　なぜ通貨を世界共通にしないのか？　なぜ死んでしまうと生き返らないのか？　こんな身近で当たり前のことも、きちんと説明できる人は少ない。

しかし、疑問を持つことはできるだろう。そして答えをネットで探すのではなく、自分の頭で仮説を立て、その仮説を確かめるべく実験や実行をしてみるのだ。

たとえば、社会人になったら、なぜ丸々ひと月休める夏休みがないのだろう？　昔から疑問に感じていたことを、数年前に探究してみた。「学生じゃないんだから、そんなの当たり前だろう」と人は言うが、なぜ当たり前なのだろうか？

まずは仮説を立ててみる。社会人に夏休みがないのは、みんなが一ヶ月も休んでしまうと仕事が滞ってしまうから？

次にその仮説を疑ってみる。本当にそうだろうか？　実際に海外ではバカンスという長期休暇がある。では仮に一年分の仕事のノルマを十一ヶ月でやってしまえばいいのではないか？

そしてその仮説もまた疑ってみる。それでも経理のように毎月必ずやるべきルーティンがあるから、自分にしかできない仕事を持っている人は、一ヶ月も空けられないのではないか？

それに対して対策を考える。だったら、全てのポジションを二人以上でカバーすればいいのでは？　ピッチャーが一人しかいない野球チームは、ピッチャーが倒れたらそれでおしまいだが、たとえばサードがピッチャーも兼ねることができれば、試合は続けられる。普段は営業だが、いざとなれば経理もできるという人間を作ればいいのでは？

このような仮説と対策を繰り返し、あとは熟成したアイディアを実行してみるのだ。

そうしてついに私は、数年前に「馬鹿んす！計画」というのを実行してみた。

全ての社員が好きな月を選んで丸ごと一ヶ月間休むのだ。その期間は会社に来てはいけないし、電話をかけてきてもダメ。発覚したらクビである。また、その社員がいなくて困っても、残った社員はその社員に連絡を取ってはいけない。もちろん、馬鹿んす中の者はどこで何をしていてもいい。海外に行くもよし、バイトをするもよし、家に引きこもって寝ているだけでもよし。つまり、一ヶ月間完全にいなくなることが仕事なのだ。

ちなみに給料は通常通りである。「そんな馬鹿な！」と思うかもしれないが、だから「バカンス」ではなく、「馬鹿んす」なのだ。

そうすることで社員も会社も強くなる。一人にしかできないポジションがあると会社は弱くなるが、全ての社員が二つ以上のポジションをこなせると会社は盤石だ。

また、社内ではしょっちゅう仕事の引継ぎがあるため、互いに協力し合い、風通しもよくなり、人間関係もよくなる。休んでいる仲間の分の仕事が増える上に、年間のノルマを十一ヶ月でこなすため、普段の仕事はきつくなる。しかし少々きつくなっても、馬鹿んすのためだと思えば俄然やる気が湧いてくる。少なくとも弊社においては、以前に比べメリハリがついて結果的に生産性は上がった。


このアイディアを社内で発表したとき、案の定、全員から猛反対を喰らった。しかしやってみないことにはどうなるかはわからない。ここはもう肚を括ってもらって、計画を強行した。するとやはり一年目はかなり皆大変な思いをしたのだが、二年目になると考えられるトラブルにきちんと対策がとられており、ほとんど問題も起こらず、三年目には社員全員が馬鹿んすを楽しみにするようになった。

常識が変わったのである。

もちろん、経営者である私にも馬鹿んすがある。

一年目の馬鹿んすは、せっかくなら誰も行ったことがないような場所へ行ってみようと、トンガ王国に一ヶ月滞在することにした。トンガ王国という名前は聞いたことがあったが、どこにあるかは知らない。どんな国で、どんな国民性で、何を食べているのか全てが謎だらけの国だ。その謎を解明する旅は、第一回目の馬鹿んす計画としてはうってつけである。実際、トンガに行く寸前までアフリカの近くにある島だと思っていたら、全く違っていた。オーストラリアの東、ニュージーランドの北西で、日本よりもさらに東に位置し、日付変更線ギリギリのところにあった。つまり、世界で一番初めに日の出を迎える国だったのだ。

王国といっても島は小さく、日本でいえば奄美大島と同じくらいだ。人口は十万人。東京ドームが二つもあれば、トンガ人全員が入ってしまう。直行便がないため、ニュージーランドで乗り継いで、二十時間以上かかっただろうか。日本人の旅行者は、私を除けば一人もいなかった。

ようやく空港に着いた頃には、夜の十時を過ぎていた。空港といっても大きなプレハブ小屋だ。滞在する西の海岸沿いにあるコテージの予約だけは日本でしておいたが、後のスケジュールは真っ白だ。とりあえずタクシーを探すが、驚いたことにタクシーがいない。これは想定外だ。バスはとうに終了している。いくら小さな島でもコテージまでは車で一時間近くかかる。歩いて行ったら夜が明けてしまうだろう。さて、どうする？しかしここは南国だ。野宿しても死ぬことはない。

こんな夜更けにもかかわらず、空港の外のベンチでぼーっとしているいかにも怪しい現地のおじさんに声をかけてみる。案の定、言葉は全く通じない。身振り手振りを駆使して、お互い片言の英語をつなぎ合わせて何とか会話ができた。すると彼は、お金を払えばコテージまで乗せていってくれるという。値段を尋ねると、日本円にして五千円。タクシーに乗ったとしても、一時間で五千円なら悪くないだろうと送ってもらった。

後でわかったことだが、トンガで五千円あれば、一家四人が一ヶ月暮らせるそうだ。まんまとぼったくられた。

舗装されていないデコボコ道をどんどん進んでいくと、次第に民家はなくなり、辺りはジャングルのように草木が生い茂り、だんだん怪しい雰囲気になってきた。もしやこの男、私を金持ちの日本人だと勘違いし、人気のないジャングルの奥地に連れ込んで……。

腕力ではとてもかないそうにない。何か武器になるものはないかと、リュックの中をごそごそしていると、不意に車が止まった。車の窓から外を見ると、墨で塗りつぶしたような真っ暗闇のその先に、ひょっこりとコテージが現れた。ぼったくられはしたが、無事にコテージに到着できたのだ。いや、疑って申し訳ない。

ほっとして空を見上げると、そこには見たこともないほどの大量の星が、空一面にばらまかれていた。今にも空から一斉に星が降ってくるようだった。

こうしてトンガ王国という謎に包まれた国の探求が始まる。

以下、肉【にく】へ続く。

肉【にく】

トンガ王国にやってきたもう一つの理由は、三冊目の本の執筆だった。私という人間に最も影響を与えた頑固親父の「デタラメな子育て論」の物語である。電波も入らない、ジャングルと海だけの島に自主隔離すれば、まるまる一ヶ月間、思う存分執筆に集中できると考えたのだ。

到着した翌日、つまり実質トンガ初日の朝は、常夏の眩しい太陽の光を浴びながら爽やかに目覚める予定だった。しかし実際は、何か針のようなもので太ももの辺りを刺され、ビックリして飛び起きることになる。

まだ真夜中過ぎだった。蜂がいるのかと辺りを見回しても見つからず、布団を調べてみると犯人は蟻だった。わずか二ミリくらいの半透明のオレンジ色をした蟻だ。よく見ると、部屋中至る所に小さな蟻がいる。とりあえず、防虫スプレーを手足に吹きつけまた床に就いたが、一時間もしないうちにまた刺された。小さいくせに、ものすごく痛い。結局朝まで刺されては起きるというのを五、六回繰り返した。

この蟻は、厄介なことに寝ている間だけではなく、起きているときにも容赦なく刺してくる。蚊のようにかゆくなることはないが、とにかく痛い。防虫スプレーも効き目がないため、トンガ人にどうしたらいいか聞いてみると、自分たちは刺されないと言う。なるほど、きっと食文化の違いで、蟻を寄せつけないホルモンか何かを分泌しているに違いない。

主食は何かと尋ねると、タロイモだという。タロイモは日本の里芋とだいたい同じで、あとは主に魚だ。魚は捕り放題で、マグロが美味い。ぶつ切りにしたマグロと玉ねぎやきゅうりのみじん切りをレモン汁とココナッツミルクで和えた「オタ」という料理が格別だという。

じゃあ肉は何を食べるのかと聞くと、これがトンガ人の英語の発音が独特でなかなか聞き取れない。何しろ「木曜日」を「チョーソディ」と発音するのだ。チョーソディ？うっかり「火曜日」だと思ってしまったではないか。

後にわかったことだが、まだあまり産業が発達しておらず、ほとんど自給自足のこの国での収入源は、観光ビジネスに頼っており、その中で牛や豚や鶏の肉は、唯一お金に代わる高価なものであるため、滅多に食べることができないのだそうだ。そういえば、私が肉料理を残すと、若いウェイトレスが片付けるふりをしながら、カウンターの陰でその残した肉を食べていた。

量が多くて、味つけが驚くほど甘くて濃いので、どうしても食べきれない。すると、この日本人は必ず残すと当てにされ、食事中ずっとわくわくしながら私の方を見ているのだ。それがなんだか可笑しくて、まるでお預けされている子犬のように可愛らしくもあり、なるべくきれいに少し多めに残すようにした。

それからというものウェイトレスはだんだん遠慮がなくなり、カウンターに隠れるどころか、皿を手にしたとたんに手づかみで食べながら厨房へ歩いて行くようになった。

その背中に向かって「美味いか？」と問いかけてみると、彼女はくるっと振り向いて、親指を突き上げた。トンガの女性はワイルドで逞しい。

それで結局のところ、トンガ人の主食としての肉は何なのか？　会話が難しいため動物の泣き真似とジェスチャーを使ってようやく判明したのだが、セールスマンたる者、どんな状況であれ、相手との意思疎通をあきらめてはならない。

「メェー」山羊か？
「ノウ」違う。
「ヒヒーン、プルプル。パカラン、パカラン」
「ノウ」馬でもない。
「ウッキー、ウッキー」猿だろ！
「オー、ノウ」まさか。
「バウワウ、バウワウ」じゃあ、犬か？
「ドゥナットインソルト！」とんでもない！　貧しくて犬を食う部落もあるが、俺たちは食わない。

「じゃあ、まさか……ニャーン」猫じゃないよね？

「ヤー、ヤー！　ニャーン」当たり！

謎は解けたが、まさかの猫だった。そしてさらに驚いたのは、猫に飽きたらコウモリを食べるということだ。確かに、現地の人しか利用しないであろう闇市場のような所で、カサゴならぬコウモリの姿揚げが売られていた。猫の肉のハンバーグまでは食べてみたが（決して美味いものではない）、コウモリの姿揚げは、あまりにも見た目がコウモリそのままで、どんなに勇気を振り絞っても食べられなかった。

それにしても、自分たちは猫やコウモリを食べながら、犬を食べている部落のことを悪く言うのが何とも理解しがたく、謎は深まる一方だった。

コウモリについてはまだまだ驚くことがあり、食用のコウモリとは別に、国の天然記念物としてのオオコウモリというのがいる。食用のコウモリは大抵三十センチくらいなのだが、オオコウモリは軽く一メートルを超え、羽を広げると二メートル以上になる。

家の軒先にぶら下がっているのを見たときには、本当に腰を抜かすところだった。冗談ではなく、小学二年生くらいの大きなネズミのような黒い生き物が、屋根からぶら下がっているのだ。顔だけ見れば小さな熊だ。秋田のなまはげよりも怖い。肉食ではなく、草食だから襲ってはこないから安心しろと言われたが、決して安心はできない。

トンガ人は、島国のせいか日本人と気質がよく似ている。皆恥ずかしがり屋で、お人好しで親切だ。商売も下手で、そのため島のスーパーや雑貨店は、ほとんどが中国人の経営である。国王も、ユニクロで売っているような普通のトレーナーを着て少し大きめの家に住んでいるだけで、顔を知らなければ、ちょっとしたお金持ちのおじさんくらいの印象だ。裕福ではないが、皆のんびりとして、とても居心地のいいところである。

ある日、コテージのレストランで昼食をとっているときに、仲良くなった従業員の男の子に缶ジュースのファンタをおごってあげた。すると、大袈裟なくらい喜んでくれるではないか。ファンタは日本円にして百円ほどなのだが、お金をほとんど持たないトンガの人にとって、百円のファンタは、誕生日くらいにしか口にできない贅沢なジュースなのだそうだ。

百円でそんなに喜んでもらえるならと思い、「仲間の人も呼んでおいで」と言ったら、厨房の奥にいたコックや、シーツを変えてくれていたおばさんまで計二十人くらいが次々にやって来た。思ったより多い人数だったが、皆もじもじしながらやってくるものだから憎めない。

そして、次の日から私がレストランにいるのを見つけると「ファンタ、ファンタ」とニコニコしながら近寄ってくるようになり、私も調子に乗ってどんどんおごっていたら、ついには私のことを「ファンタ ザ グレート（ファンタ大王）」と呼び始めた。百円のファンタで王様になれるなら悪くはない。一日二千円の出費だが、レストランのメニューにはない料理や、刺身まで出してくれたり、オオコウモリがいる穴場を教えてくれたり、地下にある鍾乳洞の地下水のプールに案内してくれたり、豚の丸焼きを手伝わせてくれたりと、特別待遇を受けるようになったのだ。

私の記念すべき第一回目の馬鹿んすは、こうして愉快に過ぎていった。

蟻に刺されるという災難も、五日目に突然解決した。田舎では、蟻が家の中に入ってこないようにと玄関などに塩をまいていたのを思い出し、寝る前に海でひと泳ぎして、体を洗わずにそのまま乾かしてから寝てみたのだ。するとその夜から噛まれなくなった。謎がまた一つ解けた。

帰国する日の朝は、従業員が総出で見送ってくれた。泣き出しそうな女の子までいた。私は感無量で胸が苦しくなったが、皆が口々に喋っているのをよく聞いてみると「明日からファンタはどうなる?」と言っていた。


トンガは謎に包まれた不思議な国だったが、実際に訪れてみていろんな謎が解けた。

トンガには何もないと思っていたが、それはとんでもない間違いだった。

ここにはダイヤよりも輝く星空があり、黄金よりも美しい夕焼けがあり、ハリウッドスターよりもミステリアスなジャングルがある。

そして、決してお金では買うことのできない人の豊かさがあったのだ。

沼【ぬま】

「池」と「沼」の違いは何だろう？

どちらも同じように水が溜まっている窪地ではあるが、イメージは全く違う。

池には鯉やオタマジャクシが泳いでいて、ときどきどんぐりが落っこちてきてドジョウが出てきてこんにちは♪　というイメージがあり、ほのぼのとする。

それに対して沼は、どことなく暗く怪しい雰囲気が漂っている。なにやら得体の知れない主が潜んでいそうだ。

おそらく沼に足を踏み入れてしまった者は、自分の意思とは関係なく、ゆっくりと、しかし確実に沼の奥へと飲み込まれていく。もがけばもがくほど、逆に暗くて深い未知の世界へと加速していくのだ。そして、沼の中で何年も過ごした者は、人ではなく妖怪となる。

私も妖怪の一人である。私が演劇の世界と出合ったのは十六歳のときだった。演劇という世界は、私にとって確かに沼だった。気がついたときにはどっぷりと沼の中に引きずり込まれ、その後三十一歳で劇団を解散するまでの十五年間、底なしで未来の見えない淀んだ世界を彷徨っていたのだから。

事のきっかけは高校時代。私も人並みに高校へと進学したものの、受験勉強というものに価値を感じられなかった。大学受験に代わるものがあれば何でもよかったのだが、もともと映画が好きだったこともあり、上京するための口実として「将来は映画監督になる」と公言したことが始まりだった。
しかし映画監督になるためには、当時憧れていたチャップリンのように、まずは演技を極めなければならないという理屈で、演劇という沼に気楽な気持ちで足を踏み入れてしまったのだ。

「東京からとんでもない劇団がやってくるぞ！」

アルバイトをしながら役者を目指している一回り年上の先輩が、興奮して話しかけてきた。当時私は高校に通うのを勝手にやめてしまい、ついでに家も出て、名古屋で一人暮らしをしながら役者になる勉強をしていた。


「とんでもないって、何て言う劇団ですか?」

「『状況劇場』だよ。お前知らないのか?」

全く知らなかった。映画なら古い映画も含めて相当な数を観ていたが、演劇の方はつい先日まで全く興味がなかったのだから知る由もない。それでも先輩の勧めるままに、『状況劇場』とやらを観に行くことにした。

「どこの劇場でやるんですか?」

「劇場じゃないよ。白川公園でやるんだ!」

「え! 公園で? 野外コンサートみたいな感じですか?」

「まあ、行けばわかるよ。めったに名古屋には来ないから、絶対に見逃がすなよ」

そんな訳でとりあえず白川公園に行ってみた。それが底なしの沼だとは知らずに。

運が悪いことに、その日は土砂降りの雨だった。そのせいもあって公園に着いて目に飛び込んできた風景は、時空を超えて突然出現した中世ヨーロッパの妖しい見世物小屋のようだった。見たこともない巨大な紅いテントが、おどろおどろしく公園の池の前にそびえ立っていたのだ。そのテントは、見る者を圧倒する重厚さと、ガラクタを詰め込んだインチキ臭さの両極端な臭いを放っていた。

そして土砂降りの中、ホームレスか、あるいは落ち武者の幽霊かのような衣装を着けた劇団員が、怒鳴り声をあげながら観客を誘導していた。ずぶ濡れになっている観客たちは、まるで新興宗教の信者のように、大人しく長蛇の列をなしてテントの中に吸い込まれていく。

「巨大な真紅のウワバミが、次々に人を飲み込んでいく！」

私は一瞬にして、その妖しい熱気に取り憑かれ、魂を奪われたのだった。

テントの中には狂気じみた舞台があり、演じているのはただならぬ妖気を発している妖怪たち。目にするもの全てが刺激的だった。機械仕掛けのような舞台装置。物々しい音楽とともに天井から流れ落ちてくる大量の水。場内の空気を切り裂くようなフラッシュライト。観客は、その舞台から飛び散って来る妖気に酔いしれている。観る者もまた妖怪たちだ。怒鳴り合うように掛け合う役者たちの台詞に、はらわたに沁みるようなＢＧＭが交じり合い、その紅いテントの中はまさにウワバミの胃袋の中で、胃液に溶かされながら狂喜乱舞する妖怪たちのカーニバルだった。

『状況劇場』とは、別名「紅（あか）テント」と呼ばれ、劇場ではなく、新宿の花園神社や上野の不忍池などを拠点に一時的に巨大なテントを張って、ゲリラ的に公演を繰り返す、まるで大掛かりな的屋（てきや）のような劇団だ。日本のアンダーグラウンド演劇という沼の主である唐十郎を頭とする、当時最も過激でミステリアスな演劇集団であった。その日私が観た芝居は、『新・二都物語／鉛の心臓』として出版されている。

その後、八十年代から九十年代にテレビで活躍することになる李麗仙、赤麿児、根津甚八、小林薫、佐野史郎など、沼に潜む大ナマズや河童のような数々の個性派俳優を輩出。また、人形師の四谷シモンや画家の横尾忠則、前衛芸術家の赤瀬川原平など、それぞれの業界のアバンギャルドと呼ばれる得体の知れない大物たちも大勢参加していた。

そんな恐ろしい沼とは知らずうっかり足を踏み入れてしまった私は、それ以来、完全に演劇の虜となった。瞼の裏に焼きついた悪夢は目を閉じるたびに蘇り、気づいたときには、上京して自分で劇団を立ち上げていた。

当時の東京は『早稲田小劇場』『自由劇場』『黒色テント六八／七一』『転形劇場』などアンダーグラウンドと呼ばれる劇団の宝庫であり、沼の底はどんどん深まる一方だった。中でも状況劇場の唐十郎と並ぶもう一人の天才、『天井桟敷』を主宰する寺山修司の存在を知ったことで、沼から抜け出すことは絶望的となってしまった。

劇団というものは、よほどの才能がない限り（スポーツに例えれば、オリンピックに出場できるレベルでない限り）職業としては成立せず、道楽の延長でしかないのだ。十五年やっていた人間が言うのだから間違いない。

私は十五年間どんなに頑張って公演を続けても、一度たりとも黒字になったことはなく、借金ばかりが嵩んだ。あらゆる状況が沼から抜け出せとメッセージを与えてくれていたが、それでも自分の意思だけではその沼から抜け出せないのだ。仲間だと思っていた男に騙され、数百万の借金を作っても目が覚めず、結婚して子どもができても劇団をやり続けた。可能性も根拠もないことに、ただただ情熱だけで夢中になって生きていた。

しかし、今だからこそ言えることもある。

人生のある時期に、どっぷりと何かの沼に埋まってしまうのも大切なことだ。沼の中で必死に空回りしながらもがいたその経験は、決して無駄にはならない。

セールスもそうだ。何の因果でセールスを始めることになったのかは知らないが、何かの縁で始めたことなら、いっそどっぷり浸かってみた方がいい。四六時中、どうしたら売れるようになるのか、もがき苦しみ狂気するのだ。

その覚悟を持たずしてセールスの沼には嵌ってしまえば、腐り果ててしまうだろう。しかし覚悟をもって沼に浸かれば、いずれ必ず発酵する。そのときが来るまで、精一杯もがけばいい。

明日が見えないからこそ安い酒で朝まで夢を語り合い、一円にもならないことで喧嘩して、生きるか死ぬかの大袈裟な別れや出会いがあり、そして何度も奇跡を起こした。あの頃は、確かに熱い風が吹いていた。まるで人生の甲子園のような時間だった。

結局、劇団時代には一度も花を咲かせることはできなかったが、それから二十年過ぎた現在、沼の時代に膨らみかけていたつぼみが開き、大きな花が咲き、たくさんの実をもたらしてくれている。いつの間にか、私も発酵していたのだ。

多額の借金を返すために始めた完全歩合給のセールスのおかげで、セールスのスキルやノウハウ、心理学を身につけた。劇団の運営費用を賄うために始めた便利屋のおかげで、アドリブ力や経営者としてのメンタルが鍛えられた。そして劇団で台本を書いたり、演出をしていたおかげで、こうして本を執筆できたり、表現力という武器を携えて、講演活動や企業研修を行えている。

人生無駄なことは何一つない。もし無駄があるとすれば、それはシラケている時間だ。

エアコンの効いた快適で安全な場所でシラケて時間を潰すくらいなら、面白そうな沼にどっぷりと浸かってみることだ。そしていつか沼から這い上がり、立派な妖怪となって、人生を何倍も楽しめばいいのだ。

猫【ねこ】

セールスのデタラメ慣用句辞典　猫の巻

猫舌【ねこじた】
猫のように甘い声を出したり、突然機嫌悪く振舞ったり、無言になって不安にさせたりするトークテクニック。決して二枚舌ではない。

商売やセールスは、ただ誠意を尽くして真面目に話せばいいというものではない。どれだけ相手を惹きつけられるか、興味を持ってもらえるかという視点を忘れてはいけない。なぜならば、顧客は商品やサービスの良さだけで契約するのではなく、どこで買うのか、誰から買うのかも重要な要素としているからだ。

猫を被る【ねこをかぶる】
「反論のときは猫をかぶっていると思え」
相手から反論が出たときの心構えのこと。動揺したり、焦ったりしてしまうと、頭の上の猫は逃げ出してしまう。頭にかぶっている猫が、気持ちよく昼寝ができるように、何を言われても呼吸を乱さず、動じてはいけないという教え。

猫に小判【ねこにこばん】
旅館や居酒屋の入り口でよく見かける小判を抱えた招き猫のことである。商売繁盛のお守りで、とてもおめでたい。ちなみに左手を上げている猫は、千客万来。右手を上げている猫は、金運上昇。両手を上げている猫は、はしたない。

猫の手も借りたい【ねこのてもかりたい】
猫の手も、ということは、すでに犬の手は借りているという訳である。犬や猫そのものではなく、「手」を借りたいということは何を意味するのか？　犬と猫の手に共通するもの、それは「肉球」。答えは癒しである。

あの冷やりとしてぷにゅぷにゅした肉球を触っているだけで、一日の疲れは吹っ飛ぶだろう。しかし、毎日全力で働いて精根尽き果てそうな人には、犬の肉球だけでは足りず、猫の肉球も必要だ。あのピンク色の肉球を頬にくっつけたい！　優しく押しつけては離し、時々匂いも嗅ぎ、それを何度も繰り返す。ああ、何という至福のとき……。

それほど癒されたくなるくらい、本気でビジネスに取り組んでいるか、胸に猫の手を当ててよく考えてみよう。

猫の額【ねこのひたい】

猫の額を優しく押してやると、気持ち良さそうに目を閉じる。強く押すのではなく、優しくなでるように押すのがコツ。プレゼンのクロージングもまた同じである。強く押せば、心を閉ざされて嫌われてしまう。クロージングは、猫の額を押すように。

ネコババ【ねこばば】

古い団地やアパートなどにいる、次々と野良猫を拾ってきてしまう独り暮らしのお婆さん。自分の食費すらままならないが、ひもじそうな猫を見ると放っておけなくなる、心優しき老人。セールスマンの心得として、ねこばばの、人の良さにつけ込んで商売をしてはならない。たとえ商品は買ってもらっても、同情を買ってもらうべからず。常に相手が喜ぶセールスを心がけるべし。

猫踏んじゃった【ねこふんじゃった】
猫のような俊敏な動物を、そう簡単に踏めるものではない。そんな猫を踏んだというくらい、（例えば入社一年目で全社トップを獲るなど）皆が驚くような偉業を達成すること。

猫も杓子も【ねこもしゃくしも】
猫も杓子もセールスの武器になる。お金持ちのマダムを褒めるとき、本人を褒めても褒められ慣れているため、下手に褒めると嘘臭くなる。しかしマダムの飼っている猫を褒めれば、あっという間にご機嫌になる。マダムが猫を飼っていない場合はどうするのか？　いや、お金持ちのマダムは必ず猫を飼っている。

杓子とは、つまりしゃもじのことである。ご飯をよそうあれである。お客さんの家に食事に誘われたときは、とにかく何杯もおかわりしてモリモリ食べよう。「美味しい」という言葉よりも、たくさん食べる人の方が相手に好感を持たれるのである。

備考

諺や慣用句などを、それらしくデタラメに考えてみる。これは知識、ボキャブラリー、応用力、アドリブ力など、これら全てを必要とするセールスマンにとって、とても有意義な頭の体操である。一流のセールスマンは、遊びすらも仕入れやトレーニングに変えてしまうのだ。是非真似されたし。

付録　トレーニングシート

苦手意識を手放して、面白がってチャレンジしてみよう！

セールスのデタラメ慣用句辞典　犬の巻

犬も歩けば棒に当たる【いぬもあるけばぼうにあたる】

飼い犬に手を噛まれる【かいいぬにてをかまれる】

犬猿の仲【けんえんのなか】

夫婦喧嘩は犬も食わない【ふうふげんかはいぬもくわない】

脳【のう】

人間の脳は非常に賢く優秀である。しかし、同時に騙されやすくもある。

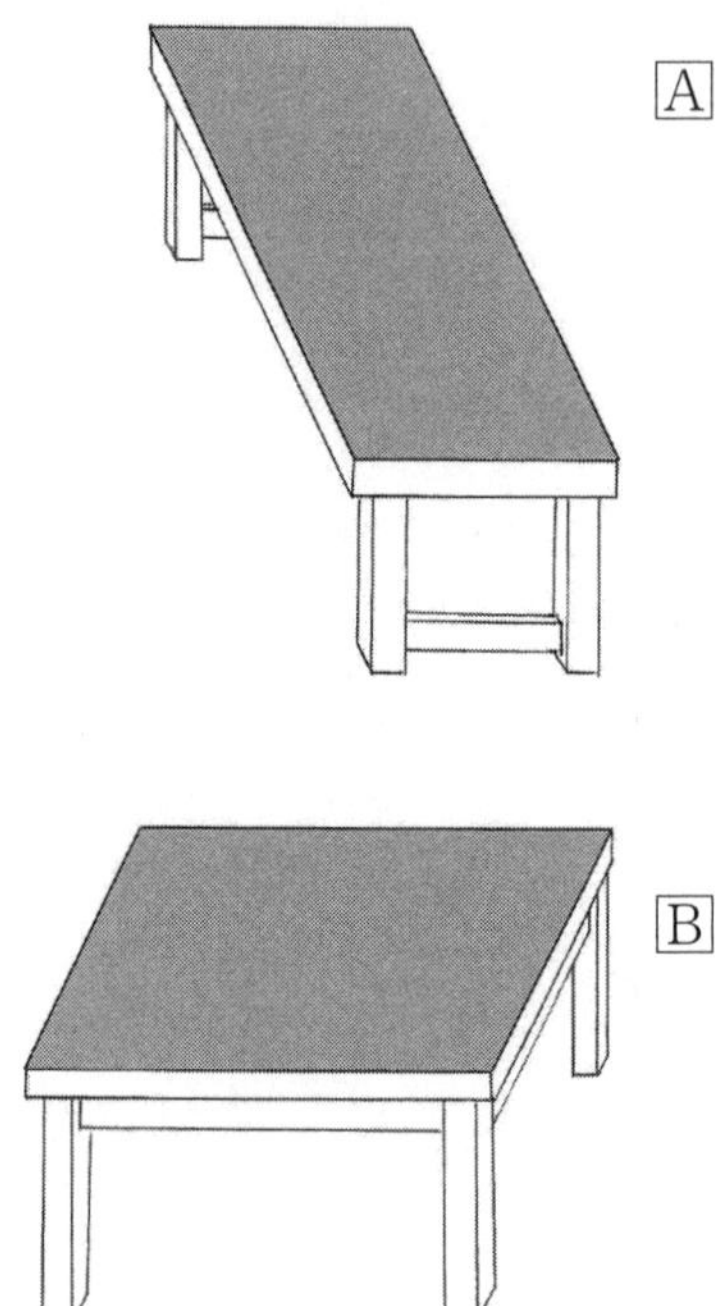

右図のＡとＢの平行四辺形は、全く同じ形であると言われても、にわかに信じることができない。どう見てもＡの方が細長く見えてしまう。しかし切り取って重ねてみれば、驚くことにぴったりと一致するのだ。

これが錯覚（錯視）という現象である。さらに不思議なのは、錯覚だとわかってからもやはり、ＡとＢが同じに見えることはないことだ。

錯覚を起こすのは、意識ではなく無意識の領域だからだ。いくら意識の方に正しい情報を入れても、無意識の情報の方が反応してしまう。意識は、無意識には敵わないのである。つまり、無意識の中にどんな情報が入っているかが、私たちの人生に大きな影響を与えるということだ。

数年前に、小学生向けのユニークな塾の合宿に参加させてもらったことがある。その塾では、勉強だけではなく、自己啓発の要素を取り入れた能力開発を行っていて、合宿のイベントとして、テニスボールを三つ垂直に重ねるというゲームをやっていた。

球体の物を重ねるのは二つでも難しく、三つとなると神業のように思えた。理論的には、串団子の要領で、地面からの垂直線上に、透明の串で三つのボールの重心を貫くように乗せればいいのだが、それはあくまで理論上の話に過ぎない。実際にやってみると、ほんのわずかでも重心がずれてしまえば崩れてしまう。

初めはみんな面白がってやるのだったが、一時間経過したくらいから集中力が途切れ出し、二時間経過した頃には苦痛を感じていて、中にはリタイアする子も出てきた。二つまでは根気よくやればできるのだが、三つとなると極端に難易度が上がってしまうからだ。

しかし、三時間を過ぎたあたりで一人の女の子が完成させた。確かにテニスボールが三つ、だんご3兄弟のように並んで立っている。場内から歓声が上がった。

するとどういう訳か、その五分後に一人、十分後にまた一人と、次々にできていくではないか。三十分もしないうちに、半数以上の子どもたちが神業を披露したのだった。中には、二時間くらいで飽きて違う遊びをしていた男の子が、再びやり始めたら十分くらいでできてしまったというケースもあった。

これこそがまさに無意識の力だと言える。

最初の一人が成功するまでの三時間余り、私を含めてほとんどの子どもたちは、意識では「できる」と理解しているものの、無意識では「そんなことは無理だ」と感じていたのだ。しかし実際に成功者が現れたことによって、今まで無理だと感じていた無意識が「本当にできるんだ」と感じ、「だったら、自分にもできるかも」に変わったのだろう。そして、今まであんなに苦戦していたのが嘘のように、次々と簡単にできてしまったという訳である。もし、全員個室で挑戦していたとしたら、成功したのは、最初にできた女の子一人だけだったかもしれない。

つまり、私やほとんどの子どもたちは、最初のうち無意識が間違った「思い込み」をしていたのだ。この無意識の思い込みが、人生を大きく左右するのである。

私たちは日常のほとんどを、常識という思い込みで生きている。

子どもは学校に行って勉強する。お盆の時期は暑く、クリスマスの頃は寒い。一日は二十四時間。サラリーマンはスーツにネクタイ。水は高い方から低い方に流れる。人の物を盗んではいけない。

これらは全て真理ではなく常識という思い込みである。

子どもでも働いている国や地域は世界中にたくさんあり、日本でも江戸時代までは、ほとんどの子どもは学校に行っていなかった。南半球では、八月は冬で、十二月は夏だ。一日という単位も時間という単位も、人間が作った概念である。アロハシャツと短パンのサラリーマンがいたっていい。海で竜巻が起これば、低い方から高い方にも水は流れる。誰の物かという所有権は人間が作ったルールであり、自然界では獲ったもの勝ちだ。


世界は思い込みでできている。

思い込みによって暮らしが豊かになったり、社会に秩序が生まれたり、あるいは困難な目標が達成されるのなら素晴らしいことだ。しかし自分の夢や目標に対して「自分にできる訳がない」「この歳から始めても、もう遅い」「頑張るだけ無駄だ」というネガティブな思い込みが無意識に入っていたとしたらどうだろう。

無理だと思いながらテニスボールを積み上げていた子どもたちのように、本当は成功させる実力を持っていながら、途中であきらめてしまうに違いない。

論理的に「できない」ことが証明できない限り、「無理」や「できない」という思い込みは、間違った思い込みだ。「できる可能性がある」というのが正しい。

しかし、寝言を操作できないのと同じように、無意識を操作することは簡単ではない。意識ならすぐに切り替えられるのだが、無意識に入り込んだネガティブな情報を、どうやって書き換えればいいのだろうか？

とある自己啓発セミナーでは、「強烈に肯定的な言葉を繰り返せ」と教えているようだが、はたしてそれで無意識が変わるのだろうか？　「私はできる！　私はできる！」と狂信的に自己暗示をかける姿は、どうも私には胡散臭く見えて肌に合わない。「今月私は売上ナンバーワンになる！　私はできる！　私はできる！」と自己暗示をかけても、無意識が「また言ってるよ。今月もどうせ無理だよ」と反発してきたらおしまいだ。

もっといいお手本はないものかと探してみると、いるではないか。赤ちゃんである。赤ちゃんの無意識には「不可能」が入っていない。だから赤ちゃんはあきらめるということをしない。大人になってから英会話を身につけようとして挫折する人はたくさんいるが、英語よりも難しい日本語を、日本で生まれ育つ全ての赤ちゃんがマスターするではないか。自分で寝返りすら打てなかったところから、ハイハイできるようになり、ついには二本足で歩けるようになるではないか。

赤ちゃんは「できる！　できる！」などと念じてはいない。ただただできるようになりたいという本能的な願望があるだけだ。


これを「馬鹿力（りょく）」と言う。

馬鹿は無敵なのだ。「常識で考えたら、できる訳ないでしょ」と言われても、馬鹿はそもそも常識では考えないから通用しない。やりたいことや欲しいものがあれば、赤ちゃんのように無邪気に取りに行くだけだ。だから常識で考えたら無理なことでも、普通に考えたらあきらめた方がいいことでも、真面目に力んで強制的に頑張るのではなく、「やりたーい！　やりたーい！」と、ちょっとお馬鹿になって遊ぶように頑張ればいい。

「強制的に」と「遊ぶように」の違いは何か？

それは「義務感」の有無である。

強制的に頑張っている人は、「やらなければ」という義務感に脅迫され続けている。そりゃあストレスが溜まるはずだ。しかし遊びに義務は存在しない。だから強制的にではなく、自主的に動く。そこにあるのはストレスとは無縁の「面白さ」だけなのだ。馬鹿になるとは、全てを面白がるということでもある。くじけそうになったときは、馬鹿みたいに笑ってしまえ。

さあ、セールスマンたちよ、馬鹿力を身につけ、面白がりながら常識をどんどんぶっ壊していこう！「セールスは大変だ」「ノルマがきつい」「アポイントなんか取れる訳がない」「反論されると言い返せない」「自分にセールスは向いてない」それがどうした、そんな常識ぶっ壊してやれ。常識なんて、思い込みという名の錯覚なのだから。

恥【はじ】

セールスマンなら、漢字は書けなくとも、恥はかけなくてはならない。平気で恥をかける者こそが、本物のセールスマンである。ところが我々日本人の多くは、恥について誤った認識をしている。

欧米人は罪の文化、日本人は恥の文化。

アメリカの文化人類学者ルース・ベネディクトの著書『菊と刀』の一節である。

キリスト教は一神教であり、神は絶対的な存在だ。善悪の判断は、人間がするのではなく、神がする。つまりキリスト教文明における欧米人の行動規範は宗教の戒律で、それに反すると罪の意識を抱くようになる。それに対して多神教の日本では宗教の戒律に対する意識は薄く、怖いのは他人の目であり、世間がそれをどう思うかで自分の行動を決める。つまり、恥をかくか、かかないかが日本人の行動規範と言えるだろう。

確かに武士道においても、命よりも名誉を重んじ、恥をさらすくらいなら死んだ方がいいという考え方がある。

神という絶対的な正しさに基づいた戒律に従う生き方より、粋か野暮か、美しいか美しくないかという、自分の美意識に基づく日本人の生き方が私は好きだ。

義理や人情というのも、他人の気持ちを汲み取る恥の文化だからこそ生まれた日本人独特の価値観である。しかしこの恥の文化の最大の欠点は、人の目を気にするあまり「笑われたくない」「恥をかきたくない」と、失敗する恐れがあることに対して消極的になってしまうところである。誰でも子どもの頃、親から「恥ずかしいからやめなさい」とか「恥ずかしいこと言わないで」と言われた経験があるはずだ。

しかし、私は「恥」というものには二種類あると感じている。

一つは名誉を傷つけるような恥。手柄を横取りしたり、罪を人になすりつけたり、弱い者を見捨て強い者に媚びたり、損得勘定だけで動いたりするような恥ずかしい行為だ。

もう一つは、単に無様な格好を人に笑われるといった類のものだ。貧乏で着ているものが継ぎはぎだらけでみすぼらしいとか、家が傾いているため突っかえ棒がしてあるとか、高校時代に教科書を買い忘れ先輩のお古の教科書（あきらかに表紙は違うし、中身も若干違う）をもらって学校に通ったとか、便利屋時代の仕事で他人の汚物を頭から被ってしまったとか、泣き叫んで駄々をこねる娘と息子を自転車に乗せて走っていたら誘拐犯と間違えられたとか。これは全部私の実話である。

名誉を傷つける恥は、人として美しく生きるための警鐘となるが、人に笑われる恥は、本質的な恥ではない。失敗して人に笑われることが恥なのではなく、笑われるのを恐れて、挑戦しなくなることこそが恥なのだ。笑われようが、馬鹿にされようが、失敗しても堂々と生きる姿は美しい。しかし多くの人はそれに気づいておらず、ただ人に笑われるのはみっともないことだと思い込んでいるのではないだろうか。

失敗することは、名誉を傷つけることにはならない。体裁が悪くなるだけだ。名誉よりも体裁を重んじるようになったらおしまいだ。田舎では、体裁が悪いと恥ずかしくて暮らしていけないと言う人がいるが、そんなことはない。それは本人の心の問題だ。

私は、突っかえ棒をした家に住み、継ぎはぎだらけの制服を着て中学に通っていた。ズボンの尻のところに大きく丸い継ぎはぎがあったため、すぐにサルというあだ名をつけられ馬鹿にされたが、恥じることなく笑ってやり過ごしていたら、そのうちに誰も馬鹿にしなくなった。馬鹿にされても平気でいられたのは、きっと両親ともに貧乏であることを恥じておらず、むしろ楽しんでいる節があったからだろう。「うちは名字が『おかね』だから、どんなに貧しくなってもお金はなくならないぞ」という全く根拠のない屁理屈も、笑い飛ばしながら言われれば、子供心にそれは魔法の言葉となって、真実のように輝いて聞こえたのだ。

恥ずかしいという感情は、人には知られたくない自分の姿が、他人に知られたときに起こるものである。体裁とは、本質を隠すために表面に貼るメッキのことだ。すなわち、恥をかかないように体裁を繕う人というのは、明らかに本質は表面の逆で、とても恥ずかしい姿がそこにあるということだ。

「いい人だと思われたい」という人は、本質は悪人であると言っているようなもので、また「変な人だと思われたくない」という人は、私は変な人だと言っているのと同じである。

その証拠に、本当のお金持ちはお金持ちであることをひけらかすことはなく、本当に幸せな人はＳＮＳで幸せ自慢などする必要がない。

メッキを貼ることに時間やお金を費やすことほどバカバカしいものはない。なぜなら大概メッキを貼っていることはバレているからである。

また、「人の目を気にしてずるいことをしない」という人の心理は、裏を返せば「人が見ていないならずるいことでもする」ということになる。しかし、「自分の名に恥じないように」という哲学を持って生きている人は、人が見ていようがいまいが、一切ずるいことはしない。

あなたは、どちらの人間だろうか。

【恥と頭は掻き放題】

どんなに恥をかいても一向に平気で、恥ずかしいことを続けていくこと。自由に頭をかくように、恥をかき続けてもまるで気にしない。

本物のセールスマンになりたければ、この言葉を胸に刻み込め！

自分に信念があるなら、笑われたっていいじゃないか。それは人とは違うことにチャレンジしている証拠であり、むしろ名誉なことだ。どんどん失敗して、周りの人間を笑わせてやれ。名誉を守るための恥なら、大いにかいた方がいい。

それでも人間である以上、笑われて悔しい思いをするときがある。そんなとき私は、中島みゆきの歌詞に勇気をもらう。

ファイト！　闘う君の唄を　闘わない奴等が笑うだろう
ファイト！　冷たい水の中を　震えながら登って行け

いつの時代であっても人の失敗を笑う人間は、何も挑戦しない人間なのだ。

暇【ひま】

忙しくて暇がない、という人がいるが、それは嘘である。人生は、気が遠くなるような長い長い暇潰しなのだ。

たくさんお金を稼ぐためには、たくさん働かなくてはいけないと思うかもしれない。確かにある程度お金はあった方が便利ではある。しかし生きていくことだけを考えたら、そんなに稼ぐ必要はない。前に触れたように、トンガ人は一ヶ月五千円で家族四人が暮らしていけるのだ。働くのは国民の義務だと言うが、働かなくても罰せられることはない。日本人は、戦後の経済急成長とともに生活水準を上げ過ぎてしまった。必要以上に贅沢をするために、する必要もない仕事を増やしてお金を稼いでいる。しかも贅沢は、慣れてしまえばありがたみもなくなってしまう。今の時代、百円のファンタをおごってもらって、小躍りする日本人はいないだろう。

不動産情報サイトのアットホームの調査によれば（二〇一四年）首都圏に住む人の片道の平均通勤時間は約一時間である。毎日往復二時間もかけて通勤するのはなぜだろう？　年間（二十日出勤×十二月）四八〇時間を通勤に使っている。一ヶ月近くも通勤に費やしていることになる。家の近所で働けば往復で二十分もあれば済む。いや、家の近所にはやりたいと思える仕事がない？　しかし、そんなに時間をかけてまで通っている皆がみんな、やりたい仕事に就いているようにはとても思えない。

仕事のやり方もそうだ。頭を使ってもっと効率的にやれば二、三時間で終わる仕事を、一日かけてやっているサラリーマンやパートタイマーはごまんといる。あえて暇を作らないように、あるいは暇であることがバレないようにゆっくり仕事をしているのではと、疑ってしまう。実際、リモートワークの導入でそれが発覚したという話も聞く。

忙しいことが美徳とされてきた日本では、口では暇が欲しいと言いながら、本当に暇になるのは怖いと感じている人が多いのかもしれない。

「SCHOOL（スクール）」の語源をご存じだろうか？

意外なことに、ギリシャ語で「余暇」を意味する「SCHORE（スコレー）」からできた言葉だそうだ。つまり、学問こそ暇潰しの代表ということになる。なるほど、その解釈はなかなか面白い。「いやあ、暇になっちゃったから、学校でも行って勉強でもしてみるか」みんな真面目になり過ぎず、これくらいがちょうどいい。

しかし誰一人、先生はもちろん、サボってばかりいる生徒でさえ暇潰しのために学校が存在しているとは思っていないだろう。だから何でも難しく考えてしまい、いろいろと深刻な問題が学校で起こる。大学の四年間に至っては、多くの学生が実際には麻雀ばかりやっていたとか、バンド活動に明け暮れていたとか、バイトと合コンばかりやっていたとか、明らかに暇潰しのための四年間ではないか。

そう考えれば、大学受験などでそんなに深刻になることもないだろう。学歴がどうのこうのと言うかもしれないが、結局、その先の就職にしても起業にしても、長い人生におけるメインの暇潰しだ。それなら、学歴が必要な給料や待遇がいいところではなく、単純に面白いと思えるところに勤めた方がいい。たかが暇潰しなのだから。

つまり人生とは、「壮大な暇潰し」であるということに早く気がついた方がいいということなのだ。そうすると、突然生きるのが楽になる。

人生暇潰しなのだから、何をしても自由である。ずっと寝ていてもいいが、幸せを感じるのは初めのうちだけで、意外とすぐに飽きてしまう。では、何をして時間を潰そう？　仕事で埋める。趣味で埋める。遊びで埋める。学びで埋める。夢の実現のための準備で埋める。恋愛で埋める。ギャンブルで埋める。あるいは埋めないで何もしない。選べるとしたら、どれを選ぶだろうか？

ギャンブルで埋めるなんていうのは人間のクズ？　いや、そうとも言い切れない。食べていくためにはきちんと職に就いて真面目に働かなくてはいけないという考えも、きっと誰かが考え出した誰かにとって都合のいい概念だ。何度でも言うが、暇潰しなのだから、ギャンブルだって悪くはない。ギャンブルだけで立派に飯を食っている人もいるではないか。クズなのは、ギャンブルで借金を重ねて、サラ金に追われて、本当に暇がなくなっている奴だ（私の二十歳からの二年間がそうだ。ギャンブルではなく劇団で作った借金だったが、まあ劇団というのもある意味ギャンブルと言えるだろう）。食べていけるのなら、ずっと遊んでいたっていい。

大事なのは、それを「本気で面白がれるのか」ということである。仕事にしてもそうだ。暇潰しのために働いているにもかかわらず、苦しんでどうする。嫌だけど働くしかないと思っているなら、思い切ってトンガに移住してしまえ。

トンガの大人たちは、みんな遊んでいる。いや、それは語弊がある。遊んでいるように働いている。いやいや、もしかしたら逆だろうか。働いているように遊んでいるのかもしれない。

いずれにしても、日本人のようにしかめっ面をしてストレスを抱えながら働いている人はいない。なぜなのだろうか？

これは、私の仮説である。

トンガ人は、数十人の親族からなる集落の単位で自給自足の生活をしているから、ほとんどお金は必要ない。主食のタロイモも果物も勝手にどんどん育ってくれるし、魚も猫もコウモリも捕り放題だから、贅沢を手放してしまえば苦労して働く必要はなく、暇でしょうがない。

困っている訳ではないが暇だから商売でもやるか、ということで、ほとんどの集落で観光客相手にコテージなどの経営をしている。暇潰しでやっているから、適当な働き方だ。ポリネシアンダンスのようなショーもあったが、ダンサーの何人かは口をモグモグさせながら踊っていた。きっと何かを食べながら踊っていたのだろう。

私が滞在していた一ヶ月の間に、たまたま強烈なハリケーンが島の上に一週間も停滞した。貧しい民家の屋根は吹き飛んでしまうという有様で、泊り客は私を含めて二、三組まで激減した。しかし集落の誰も深刻にはならなかった。もともとコテージの利益など当てにはしていないのであろう。

では、なぜコテージ経営などという面倒なことを始めたのだろうか。面白そうだからに決まっている。働かなくても生きてはいけるが、面白そうだから働く。トンガ人というのは、何て健全な価値観なのだろう！

くどいようだが、あくまでも私の想像である。


しかしセールスも、このくらいの価値観で働けばいいのだ。

「いやあ、人生めちゃめちゃ長くて暇だから、面白そうな仕事でもやってみるか」

「じゃあ、セールスなんてどうかな？」

「セールス？　それは難しいのか？」

「そう！　これは難易度高いよ。

アドリブ力ないとできないし、メンタル弱いとダメだね」

「それは面白そうだね。暇潰しにはもってこいだな」

「面白過ぎて、やればやるほど、はまっていくよ！」

「マジか？　でも学歴とかいるんじゃないの？」

「学歴も経験もいらないよ。やる気だけあれば誰でもできるんだよね」

「それはありがたい！」

「さらにフルコミッションのセールスだったら、

好きなときにセールスやって、好きなときにやめてもいいんだよ」

「フルコミッションって何だ？」

「固定給のない、完全歩合給のことで、
売った分の何パーセントかが自分の給料になる仕組みのことさ」

「じゃあ、自分で商売を始めたのと同じってことだな？」

「その通り。しかも自分で店を構える必要もないから、家賃もかからない」

「夢みたいな話だな。

よし、じゃあ、ちょいと暇潰しにセールスでも極めてやるか！」


これこそが、健全なセールスマンシップなのだ。

ふざけているのか？　いやいや、いたって大真面目である。

そして、一流のセールスマンであるフーテンの寅さんならきっとこう言うだろう。

「世の中の労働者諸君。そんなに気張って働くのはやめなさい。

仕事なんて遊びの延長。面白がって頑張りたまえ！」

ひ

副【ふく】

副社長、副会長、副総理、副キャプテン、教頭先生、次男、次女、青レンジャー。
いずれも共通点は、二番手という存在であることだ。

かく言う私も次男である。子どもの頃から何かにつけ兄と比較される運命であった。洋服でもおもちゃでも、大抵のものは兄のおさがりだったし、五つ離れていたせいで、走っても殴り合っても、口喧嘩でさえ一度も勝てたことがない。

兄が地元でトップクラスの高校に入学したとき、親戚から高そうな万年筆やらお祝い金やらいろいろと貰っていた。そうか、あの高校に受かればいろいろ貰えるのかと思い、五年後、私も何とかその高校に受かったのだが、お祝いの電話一本さえなかった。

人は初めてのことには感動するが、二番目になるとそうでもないらしい。確かに初めて月に到着したアポロ十一号のときは世界中が歓喜に沸いた。私も鮮明に記憶に残っているが、二番目に到着したのは何号なのか、その記憶は全くない。

しかし、二番手には二番手の特権というものがある。

兄弟喧嘩になると、長男は長男という理由だけで怒られていた。何をやるにしても、先陣を切ってやってくれる兄の姿を見て、何をしたら失敗するのか、どこまでやったら怒られるのかを学んだ。自分がやらなくても、失敗のサンプルを集められたおかげで、処世術を身につけられたのだ。

その結果、私は子ども時代に叱られるのがとても上手かった。兄を見て学んだのは、怒られるときには一切言い訳をしてはいけないということだった。明らかに弟が悪いときでも、少しでも言い訳をしようものなら「口答えするんじゃない！」と、理不尽にも倍叱られる羽目になる。

それを見ていて私は悟ったのだ。怒っている人に言い訳をして正しいことを主張するということは、怒っている人に「あなたは間違っている」と言っているようなものだと。怒っている相手（特に子ども）から否定されて、受け入れられる訳がない。ますますムキになって怒り心頭に発するのは目に見えている。そんなときは、怒っている人の立場を傷つけないように、神妙な顔をして「その通りだ。その通りだ」というように、相手の言っていることを百パーセント受け入れれば、あっという間に怒りは収まる。時には「ちょっと言い過ぎた」と自ら反省してくれたり、こちらをかばってくれたりもする。

客観的には、何て小賢しい子どもなのだと自分でも思うが、二番目という環境が勝手に要領よくさせてしまったのだ。

勉強にしても二番目は恩恵がある。難しい数学の問題など、親に聞いても困らせてしまうだけだが、現役バリバリの学生である兄にとっては朝飯前だ。家にいつでも専属の家庭教師がいるようなものである。

また不思議なことに、二番目には親も甘くなる。親にしても初めての子どもを育てるときには要領がわからず、厳しくし過ぎてしまったことを反省しているのだろう。私が大学受験をやめ、勝手に高校に行かなくなって劇団などを始めたときも、好きなことをやれと言ってくれたのは、すでに兄が医大に通っていたことが少なからず影響していたのではないだろうか。

大人になってから聞いたのだが、兄は子ども時代、自由奔放に生きているような弟の私がうらやましかったそうだ。兄が勉強ばかりしていたのも、医学部を受験したのも、もちろん自分の意思ではあるが、どこかで親の期待に応えなければという無意識の責任感みたいなものがあったそうだ。

言い換えれば、長男長女がしっかりしていれば、次男次女は親から期待されないということになる。確かに、私が鈍感なのかもしれないが、一度も親の期待というものを感じたことはなかった。

子どもという単位で考えると、次男次女は「副」という立場だが、家族という単位で考えると、親という「主」に対して、長男長女は「副」という立場になるのかもしれな

ふ

い。二番手が一番手の期待に応えようとする姿に、私は二番手の哲学を感じる。しかし哲学を持たない二番手は、ただただトップに服従しているだけの追従者のような存在となってしまうだろう。

会社組織でも、「副」という立場の役割がトップの指示に従順に従うことだと思っていたら大間違いである。ましてや次男のように、トップの顔色をうかがい要領よく立ち振る舞うことでもない。

最も重要なのは「トップの意を酌む」ことである。

意を酌むとは、言いなりになることとは全く違う。この違いがわからない二番手は、言いなりになるか反発するかの二択しかなくなり、いずれにしても意を酌むという道には進めないだろう。

言いなりになるというのは、相手の言葉のままにただ従うということだ。いわゆる「言われた通りにやっておけばいい」という、弊社で言うところのサラリーマン根性のことである（言うまでもないが、主体性を持つサラリーマンのことではない）。

それに対して意を酌むとは、相手がなぜそうしたいのかを相手に寄り添い、相手の気持ちになってその真意を考え、たとえ自分の価値観にそぐわなくとも、その意を酌み、引き受けることである。

結果的には言いなりになっているように見えるため誤解されやすいが、実は全く違う。言いなりは受動的だが、意を酌むは能動的だ。まさに真逆なのである。

「言いなり」の心の声は、「うわ、まじかよ。嫌だけどやるしかない」
「意を酌む」の心の声は、「よし、引き受けた。やってやろうじゃないか」

その後に続く行動が、自ずと違ってくるのである。
意を酌んでくれたことは、主にも伝わり、主もまた副の意を酌もうとする。こうした互いに相手の意を酌もうとする姿を、武士道では「忠誠」と呼ぶのだ。

だとすれば、兄は立派に親の意を酌んで、「副」という立場をまっとうしたと言えるだろう。言いなりのレベルで合格するほど医学の道は甘くない。親の意を酌み、親の夢を我が夢とし、そしてやり遂げたのだ。しかし考えてみれば、私は兄弟としての「副」の立場で、兄の意を酌んだことは一度もなかった。何だか申し訳ない。

そしてセールスマンはと言えば、見込み客という主に対して副という立場である。だから見込み客の意を酌めなければならない。どうか相手の思い込みや表面的な断り文句に惑わされ、服従しないで欲しい。見込み客の真意、心理、本音をとことん探り、意を酌むのだ。そうすることでまた、見込み客も心を開き、あなたの真意を酌もうとしてくれるようになるだろう。

また、夫婦も一つの単位である。

いい夫婦というものは、二人が同列ではなく、どちらかが主となり、どちらかが副となるものだ。絶対にその方がうまくいく。家庭の中に、主導権を持つ者が二人いると、子どもの精神は不安定になる。これは組織も同様で、例えばどんな会社でも社長が二人いたらうまくはいかないだろう。

どちらが主になるのかは、それぞれの夫婦の価値観でいいと思う。ちなみに私が思う夫婦における「理想の副」は、「原坊」である。かの有名なサザンオールスターズのキーボードであり、桑田佳祐の奥さん、原由子のことだ。彼女ほど夫の意を酌んでいる妻は他にいないだろう。

あんなにハチャメチャな旦那なのに、小言の一つも聞いたことがない（聞ける間柄でもないのだが）。普通の奥さんなら「あなたに才能があるのはわかるけど、もういい加減下ネタみたいなのはホントにやめて。子どもだっているんだから、もっとちゃんとして！」くらいは言うだろう。奥さんの立場からすれば確かにそうだろうが、ファンの立場から言えば、品行方正で真面目に歌っている桑田佳祐をいったい誰が見たがるだろう。

原坊は、天才的な「主」を支える「副」として、桑田佳祐の非凡な才能を誰よりも理解し、意を酌み取り、言いなりではなく、ハチャメチャで下ネタありのバンドで能動的に活躍しているのだ。

それにしても、『マンピーのG★SPOT』は、めちゃくちゃな下ネタである。いくらなんでも酷い。そんな旦那を黙って許すだけでもすごいことだが、原坊は一緒になって、楽しそうに歌っている。これにはもう参った。

では、意が酌めないレベルの発言や行動に対してはどうすればいいのだろうか？　そんなときは、意を酌むために腹を割って話し合うか、あるいは完全に相手を「信じ切る」しかないだろう。おそらく原坊は、心から旦那を信じているのだ。原坊、あなたは素敵過ぎる。きっと馬鹿で天才な桑田佳祐に、ずっと恋し続けているに違いない。

意を酌むということは、恋することにとても似ているのかもしれない。

不思議なことに、あれだけの人気があり、しかも浮気者にしか見えない桑田佳祐だが、いっこうに浮気の噂が立たない。奥さんもファンもマスコミも、皆黙認しているのだろうか？　いや、そんなはずはない。

桑田佳祐もきっとまた、そんな原坊に恋し続け、彼女の意を酌んでいるに違いない。

変【へん】

「変なことを言うな」「変なことしないで」「人から変な人だと思われるよ」「この髪型、変じゃないかしら?」「まさか、変なこと考えてないよね?」

子どもの頃からいったい何回くらいこの言葉を聞いたことだろう。そして大人になった今、無意識にこの言葉を発してはいないだろうか。

とかく「変」は嫌われる。が、はたして「変」はそんなに悪いことなのだろうか。

変とは、普通ではないこと。常識的ではないこと。

では常識とはいったい何なのか?

かつて本田技研工業の創業者である本田宗一郎氏は、「ビジネスには不常識な発想が必要である」と唱えた。常識の反対は、非常識と不常識の二つがあるという。(『本田宗一郎は語る―不常識を非真面目にやれ』）

非常識とは、病院の待合室で大騒ぎをしたり、ビルの屋上からゴミをまいたり、人が不快な思いをするようなめちゃくちゃなことだそうで、もちろんそのような行為は、人の道を外れた悪しきものであるため、叱られて当然である。

それに対して不常識とは、今までの常識の枠を超えた新しい常識のことだという。今まで誰も発想したことのないアイディア、あるいはうまくいくはずがないという固定概念で否定されていた企画、普通ならやろうと思わない困難な挑戦。こうした類の不常識は、「変なことをするな」と頭ごなしに否定するのではなく、本田宗一郎氏が言うように、どんどん考え、実行した方がいい。

特にセールスマンや起業したいと思っている人には必要な考え方だ。なぜなら常識的で、普通のことだけをしていたら、セールスも経営も上手くはいかないからだ。変で不常識な考えの中にこそビジネスチャンスはあるのだ。人と同じことをやっていても意味がない。

大人が楽しめる遊園地、陳列をあえてぐちゃぐちゃにしてわかりにくくしたディスカウントショップ、回転式ベルトコンベヤーで運ぶ寿司屋、全て百円で買える雑貨店、出前の代行。いずれも、過去誰もやったことのないことに挑戦した結果に得た成功だ。

もし経営者やセールスマン、芸術家、デザイナー、作家や漫画家などクリエイティブな仕事をする人を育てるための学校があるとしたら、きっと不常識で変な学校だろう。

ちょっと「変な学校」というものを想像してみる。

まず、変な学校の教師になるのは容易ではない。いくら優秀な成績を修めていても、真面目だけが取り柄の普通の人ではなれない。なにしろ変でなくてはならないのだ。例えば、ヒッチハイクだけで世界を一周してきたとか、子どもの頃から一人暮らしをしてきたとか、主食が昆虫とか、本物の霊能力者とか、大富豪で自家用ジェットを持っているとか、住所を持たず車の中で生活しているとか、兄弟が十人以上いるとか。学歴以上に、そういった経験や能力が重要なのである。

授業は先生がやるのが常識だが、変な学校では生徒が授業をやる。そして、不常識な授業をやるほど成績は良くなるのだが、もともと不常識な先生をあっと言わせる不常識な授業プランを立てなければA判定はもらえない。しかも常識に当てはまらないのなら何でもいい訳ではない。理科の実験だと言って、爆弾で教室を吹っ飛ばしてしまうような、明らかに悪意を感じるマイナスな行為や悪ふざけ、人を不愉快にさせるようなことや反社会的な内容ではダメだ。それは不常識ではなく、非常識だ。

一クラス十二人で、先生の役は、生徒一人が一ヶ月間担当し、交代制で全員が順番に授業を受け持つ。夏休み？　そんな常識的なものはない。教室も常識にとらわれることなく、担当になった先生役の生徒がどこを指定してもかまわない。無人島でも、森の中でも、動物園でも、地下シェルターだっていい。

教科にしても、国語、算数、理科、社会にこだわることはない。一ヶ月かけて一軒家を解体するとか、映画を一本撮影して編集するとか、何でもいいからギネスの記録を塗り替えるとか、沖縄へ行ってひたすらサトウキビの収穫をするとか、一ヶ月間ずっと裁判を傍聴するとか、アイディア次第でいくらでも面白い授業はできる。その方がテストでいい点を取るための勉強よりも、社会に出てから必ず役に立つ。
いじめ問題については、いじめをなくそうという常識を覆して、当番制にするのだ。いじめられる当番を、毎日順番に交代にする。いじめられる人の気持ちを、身を持って体験することも変な学校教育の一環である。

と、そんな「変な」ことを考えていた私だが、私の想像をはるかに超えてぶっ飛んでいる本があった。F・エマーソン・アンドリュースの『さかさ町』という児童書だ。

全てのことが逆さまのさかさ町。
大人は遊んで子どもが働く。学校に通うのは休日だけで、覚えることよりも忘れることが大事。野球は得点を多く取った方が負け。病院の薬は甘くて美味しい。極めつきは、買い物をすると値段分のお金がもらえるというのだ。

　この逆転の発想には驚いた。売った方がお金を支払い、買った方がお金をもらう。つまり、お金がなくても何でも買えるのだ。逆に、お金がないと自分が作ったものを売ることができない。だからせっせと買い物をしてお金を貯める。お金が貯まると、今度は自分が作ったものを買ってもらうことができる。面白い！　お金の流れが逆になっても成り立つではないか。

　さらに病院は、病気になったらお金を払うのではなく、健康な人が医者に払う。そして病気になったときは無料という仕組みだ。

「だって病気になったら、治るまで働くことができないんだから、お金なんて払えないだろう？　そう思わないかい？」

　なるほど、ごもっともなご意見だ。（さっきの買い物をするときの話しと矛盾するなどと、重箱の隅をつつくようなことを言ってはいけない。これは、社会の仕組みについてのアンチテーゼなのだから）

　そして学校はといえば、授業の一つに「忘れよ科」というものがあり、嫌なことがあっても上手に忘れる術を習うのだ。そうすることで世の中から争い事がなくなるというのである。

いやあ参りました。確かにその通りである。どこかの国の大統領と最高指導者に読ませてやりたいものだ。

常識というのは、時代とともにどんどん変化していく。

江戸時代までは、結婚した女性は歯を黒く染めるのが常識であったし、私が子どもの頃は、男性が化粧するのは非常識なことだと思われていた。しかしその後、カリスマロックミュージシャンたちが常識を覆し、今では男性でも堂々と化粧をする時代になった。

つまり、非常識だと思われていた「男性の化粧」は、非常識ではなく、不常識であったのだ。現在我々が非常識だと思っていることにしても、きっと遠い未来からすれば、常識になっていることがたくさんあるのだろう。

百年後の世界では、「真面目なことを言うな」「みんなと同じことしないで」「人から普通の人だと思われるよ」「この髪型、普通じゃないかしら？」「まさか、常識的なこと考えてないよね？」という声が溢れているに違いない。

それならば、我々セールスマンこそ変であるべきだ。
よくいる普通のセールスマンとは違うあなたになることで、差別化が図れる。
常識を手放し、変なセールスマンになろうではないか！

本【ほん】

私は、ビジネス書は読まない。

企業の社員研修や営業研修に携わる身としては、普通なら「ビジネス書を読め！」という立場なのだが、ことあるごとに「ビジネス書は読むな！」と訴えてきた。

ビジネス書には、正しいことが書いてある。成功するためのノウハウや起業するにあたっての心構えなど、確かにそれらは素晴らしいのだが、結局いずれも「答え」の大全集なのだ。

答えの大全集なら有り難いではないか、と思うかもしれないが、これが大間違い。

方程式の解き方が全部書いてあり、それでいくら正しい答えをたくさん知ったとしても、セールスには何の役にも立たないのだ。「答えを知るために本を読む」という考えに対して私は超否定的だ。なぜなら、答えを知った気になって満足してしまうからだ。

それは、たまたま成功した法則の中のたった一つに過ぎない。もし世の中に一万通りぐらい成功する方法があるとして、その中のたった一つだけを鵜呑みにして真似をしたとしても、成功するのは一万分の一の確率だ。

偶然にも、その本を書いた人の年齢、性別、環境、年代、社会背景などといったものが合致すればその方程式は使えるのだろうが、そうでなければ全く意味がないのだ。

だから、ビジネス書は読む側ではなく、書く側にならなければいけない。(出版しろと言っているのではない)

それは数学の方程式と同じだ。一生使うことのない三角関数や二次関数の解き方を暗記してもまるで意味がない。自分の頭で考え、苦難を乗り越え、幾多の経験値をもとにたどり着き、その方程式を発見した者にだけ意味があるのだ。

自分では何も考えず、経験もせず、ビジネス書ばかり読んで、それで悟ったような気になってしまったら、残念ながらその人は、ビジネス書による被害者なのである。だから私は企業研修や営業研修でも、セールスやビジネスで成功したいのなら、文学に触れるとか、歴史小説やドキュメンタリー作品を読むとか、映画を観るとか、そんなことをするようにと言い続けている。

一見、文学とビジネスは直結しないと思うかもしれないが、優れた文学や歴史小説は、解釈力や価値観など、読んだ人に哲学を与える力を持っている。

人間には「解釈力」というものすごい武器があるのだが、それも磨かなければ、解釈力を持たない動物と同じレベルになってしまう。

営業に出かけようとしたときに、突然土砂降りの雨になったら「私はツイてない」と感じてしまい、契約がなかなか取れないとどんどん落ち込んでいく。一念発起して起業したとしても、上手くいかなければ「やっぱり自分には向いていなかった」と後悔する。挙句の果てには「俺は何をやっても駄目だ」と投げやりになる。

このようにマイナス思考になってしまうのも、あるいは「誰々が教えてくれたやり方が間違っていた」「ビジネス書の通りにやったのに失敗した」と全部他人のせいにしてしまうのも、全て解釈力が未熟だからである。

しかし、特に目的もなく偶然手にした文学小説が、今まで自分が持っていなかった解釈を与えてくれたり、目からウロコが落ちたりすることがある。例えば、現代アメリカ文学を代表する作家であるジョン・アーヴィングの哲学的な小説『ガープの世界』には、こんなシーンがある。

主人公のガープが、婚約者と住むための建売住宅を二人で見学していた。しかし気に入った家を見つけた瞬間、その家に故障したプロペラ機が落っこちてきてしまうのだ。「何て縁起が悪いの」と恋人のヘレンが思っている隣で、ガープは「何て運がいい家だ！よし、この家にしよう」と言うのだ。「どうして?」と尋ねるヘレンに、ガープは「統計によると、同じ場所に飛行機が落ちる確率は0パーセントだから、この家はとても運がいいんだ」と言った。

そんな考え方があるのか！　と、私の想像を超えたその解釈力に衝撃を受けた。

小説のいいところは、登場人物に感情移入しながら、疑似的にその場面を体験できることだ。新築の素敵な家が目の前にある。そこにプロペラ機が突っ込んでくる。家が大破する。すると恋人のガープが「この家に決めた」と言う。「えっ、何で？」と頭の中で「？」がぐるぐる回る。そこにガープの解釈。統計によると、同じ場所に飛行機が落ちる確率は０パーセント。だから運がいい家。

なんというか、強がりでもなく、無理なプラス思考でもなく、全てを受け入れながら、ちょっとポジティブに解釈してみる。

そんなガープは人生を達観しているなと思った。だから、読んでいてクスクス笑えるし、涙が出てくるし、心が少し温かくなって、少しだけ前向きになる。人生って解釈次第でいくらでも面白くなるし、いくらでも強くなれるし、今あるもので充分に幸せになれるのだと気づく。

小説のいいところはもう一つある。

ビジネス書とは違って、数百ページある一冊の本を読んでも、たった一つのことに気づくだけだというところだ。

もし『ガープの世界』がビジネス書だったら、「マイナスだと思えるトラブルやアクシデントはプラスに解釈してみよう！」となるだろう。たった一、二行で済む。

確かに正しく素晴らしい考えであり、アーヴィングの言わんとすることも同じであろうが、ビジネス書の言葉は私の心に響かない。経験を伴わない言葉は、知識にしかならない。しかもそんな答えは、いくつも書いてあればあるほど価値が薄れていく。まるで成功するためのアイディアが並べられた百円ショップに来ているのと同じ感覚だ。

たとえ架空であったとしても、物語に登場する人物は、作者の魂を分かち合って生きている。だからこそ、たった一冊の小説を読むだけで、自分の人生とは全く違う別の人生を経験することができるのだ。そして大切なメッセージを一つ心に刻めばいい。

また、実話をもとにした歴史小説は、事実であるがゆえに強く心を揺さぶる。フィクションを付け足して話を盛り上げてはいるが、話の筋や重要なエピソードは文献に基づいているため、説得力があるのだ。

学校の歴史の授業と、歴史小説では得られるものが違う。「歴史を学ぶ」ことと、「歴史から学ぶ」こととでは、全く価値が変わってくるのだ。数多くある歴史小説の中でも、あなたがセールスを志すのなら、司馬遼太郎の『俄』と、吉村昭の『高熱隧道』は必読である。

『俄』の主人公、明石家万吉の生き方から、「粋に生きる」という本当の意味を知る。体も小さく病弱な男が、激動の幕末を生き抜き、やがて大阪のやくざの大親分になるという物語だ。かなり分厚い小説で、上下巻に分かれているのだが、終わりに近づくにつれ「終わりたくない」「もっと続いて欲しい」と思わされる物語だった。

私の人生も相当ドラマチックだと思っていたが、万吉の人生に比べたら比較にならないほど平凡なものに感じてしまった。そしてこれからの自分の未来に、もっとすごい困難がやってこないかと、トラブルを期待し、歓迎してしまう。

これはもう成功哲学ならぬ、失敗哲学だ。

『高熱隧道』は、黒部ダムを作った男たちの物語である。

この黒部ダムには、とんでもない壮絶なドラマがあったのだ。ダムを建設するため黒部峡谷にトンネルを掘るのだが、どんな掘削機械を使っても絶対に砕けない岩盤にぶち当たる。しかもそれは高熱の断層で、岩盤を砕こうとすれば二百度近くまで洞窟の中の岩盤温度は上がり、ダイナマイトが自然発火して爆発するという始末。

冬になればなったで黒部地区は雪崩がすごい。時には「泡雪崩」という鉄筋コンクリートをも吹き飛ばす爆発的な雪崩が起きる。空気の圧力で一気に押し潰され、数多くの男たちがそこで命を落とすのだ。それでも彼らはあきらめることなく、ついにはその隧道を完成させ、日本一のダムを作り上げる。

こうしたとんでもない犠牲のもとに現在の我々の豊かな生活があるのだ。

居心地のいいカフェでアイスコーヒーを飲みながら、成功哲学やビジネス書を読んでいる場合じゃない。ビジネス書からでは決して得られることのない哲学を求めて本屋に出かけよう。

今、「ネットでいいんじゃない」と思ったそこのセールスマン！

そもそもその効率ばかり重視する考え方が、結局答えばかりを集めたビジネス書に行きつくのだ。無駄を承知で本屋に出かけてみよう。思いもよらない一冊と出会うかもしれないぞ。人生とは無駄の中にこそ幸福があるのだ。

的【まと】

セールスにおけるプレゼンテーションのスキルの中に「問題意識を引き出す」というものがある。

たとえ商品やサービスが良かったとしても、相手が現状に対する問題意識を抱かなければ「良いことはわかるけど、今のままでも悪くない」という心理になり、契約に至らないケースが多い。そこで自分の商品をプレゼンする前に、相手に「今のままではだめだ」という健全な「問題意識」を持ってもらうことが重要という訳だ。

なんだ、そんなことかと安易に考えてはいけない。「銀を制する者は、天下を制す」とは、戦国武将毛利元就の言葉だが、まさにセールスマンとは「問題意識を制する者は、セールスを制す」のである。

いたって単純な心理学であるが、意外にもほとんどのセールスマンがこのことを知らない。そして問題意識を引き出すこともなく、ひたすら商品の良さを自慢してしまうのである。全くもって的外れなプレゼンだ。

しかしそうなってしまう原因は、会社の教育にもある。二十一世紀になって二十年以上経過しているこのご時世に、まだ「ニーズを聞き出せ」と教えている企業があるのだ。古過ぎる。そんなことを得意気に話している人間は、きっと今でもマフラーのことを「えりまき」、ベストのことを「チョッキ」と呼んでいるに違いない。

ニーズがある状態とは、今すでに問題を自覚している状態である。二十世紀の戦後間もない時代であれば、ニーズを探すという営業法は的を射ていた。世の中は皆貧しく、誰もが「今のままでは嫌だ」という問題意識を抱えていたからだ。

しかし時代は、凄まじい勢いでどんどん豊かになった。バブル崩壊後も、経済自体は一時の勢いは失ったものの、人々の生活レベルは驚くほど向上した。今ではほとんどの日本人は、世界から見れば贅沢なレベルで生活をしていると言っていいだろう。

つまり、今問題を抱えていない相手からニーズを聞き出そうとしても、出てくる訳がないのだ。では、セールスの可能性はないのだろうか？　いや、そんなことはない。現代人は昭和の時代とは逆で、現状にある程度満足している反面、未来に漠然とした不安を抱えている。それがセールスチャンスであり、最大の的なのである。問題意識とは、水面下に潜んでいる問題のことであり、いずれ表に現れてくる未来の問題のことなのだ。

虫歯をイメージしてみればわかりやすいだろう。ニーズがある状態とは、Ｃ４かＣ５の状態だ。患者は痛くてたまらず歯医者に駆け込んでくるため、プレゼンの必要もなく治療をすることになる。

しかしＣ１かＣ２の虫歯であれば、指摘をされない限り自分が虫歯であることに気がつかない。仮に指摘をされても、今痛くなければ歯医者には行きたくないという人も多いだろう。子どもなどは大概がそうだ。とはいえ、このまま放置していいものだろうか？　いずれ状態は悪化してしまい、本人が痛い思いをするだけだ。そこで、このまま放っておくとどんな酷いことになるのかを話して聞かせてやると、急に不安になってなんとかしたいという気持ちになり、歯医者に来ると言う。

これが「問題意識を引き出す」というプレゼンスキルである。

ただ、問題意識の難しい点は、相手が子どもなら問題意識を与えても素直に受け取ってくれるかもしれないが、大人を相手に与えてしまうと、よほど人間関係ができている相手でもない限り、カチンときて心を閉ざされてしまうということだ。そのため問題意識は、決して与えてはいけないというのが鉄則なのである。

与えることなく、どのようにして問題意識を相手に抱いてもらうのか？

だから「引き出す」ということなのだ。

引き出し方については、与えたい問題を質問形で問いかけたり、「もし」を使って相手に想像させたりと、心理学を応用した手法がいろいろとある。もちろん簡単ではないが、ノウハウはあるのだから、練習さえすれば誰でもその技を身につけることはできるだろう。路上で縦列駐車ができるようになるくらい練習すれば大丈夫だ。

ちなみにたった一つだけ、練習もいらず簡単に相手に問題意識を抱かせる方法がある。

普通ノウハウとは、何度も練習を重ねて初めて身につくものだが、その方法は、一度聞いただけですぐにできるようになる。

もちろん、その方法が知りたければ、惜しみなく教えよう。

しかしその答えをここに書くだけなら、きっと単なる面白い知識の一つとなってしまうだろう。ノウハウは、現場で使ってこそ意味がある。簡単に手に入ったのでは、その価値も薄くなるというものだ。

私自身、気楽に受けたセミナーやさらっと目を通したビジネス書などで手に入れた知識は何の役にも立っていない。そんなものは、飲み屋で後輩に自慢げに語る知識でしかないのだ。一方、実際に現場で苦労を重ね、試行錯誤し、やっとの思いで見つけたノウハウは、その後のセールスや会社経営において常に現場で役に立ち、一生忘れることのない能力として身についた。

この問題意識を引き出すというスキルは、セールスの契約率を飛躍的に上げることができる特に大事なスキルである。だから本当に問題意識の的を射抜きたいと思う向上心のある方には、一つアクションを起こしてもらおう。

①まず「問題意識を引き出す」というイメージを持って、自分なりにプレゼンをしてみる。
②成功しても失敗しても分析をしてみる。なぜうまくいったのか、あるいはなぜ失敗したのか。どうすれば問題意識を引き出せたのか。
③その分析結果を持って、私の言う簡単にできる「問題意識の引き出し方」と比較してみる。

この手順に従ってやってみると、本当に実力がつく。初めから正しいやり方を聞くのではなく、一度必死にもがいてみることを勧めたい。

肝心の答えは、あえてここには書かない。YouTubeの「おかねちゃんねる」に動画を用意した。「たった一度聞いただけでできる、超簡単な問題意識の引き出し方」の回を見てくれ。本当に簡単なのだが、効果は抜群だ。

しかし①②に取りかかったあなたは、それが終わるまで決して見てはいけない。

何度でもしつこく言うが、まず自分なりに実践してみることだ！

道【みち】

日本人にとって道を極めるとは、単に技を身につけるということではない。武道と武術では意味が違うように、術とは、方法、技術、やり方のことであり、道とは、そのものの本質、ひいては人生の本質にたどり着こうとする生き方のことだ。すなわち剣道であれ、柔道であれ、相撲道であれ、いくら技術が長けていたとしても、ただ強いだけでは人の上に立つことはできない。

セールスもまた同じである。
セールススキルを身につければ「トップセールスマン」にはなれるかもしれないが、それだけではセールス道を極めた者だけがたどり着ける「マスターセールスマン」にはなれない。

セールス道とは、セールスを通してセールスマンシップを磨き、徳を積み、人望を得て、人格者と言われる人物に近づいていくことである。
「義」「勇」「仁」「礼」「誠」「名誉」「忠義」からなる武士道の教えを、セールス道に置き換えて考えてみよう。

【義】ぎ

義とは「大義」のことであり、志のことである。つまりは、損得勘定を捨て、自分の信じた正義を貫くこと。志のないセールスは、うまくいかなければ全て人のせいにして、文句を言いながら業界から去っていく。仮にうまくいったとしても、結局は私利私欲のためのセールスであり、一時的な成功はあっても永続的な成功はない。

セールスを始める前に、まずセールスにおける志、義を生むことだ。

今現在、志も義もなかったとしても落胆する必要はない。義は初めからあるものではなく、自分の心の中にある正義を温め、熟成させ、生み出すものだからである。

自分の利益のためだけではなく、何のためにこのセールスをするのかという大義を生み出したら、それを掲げ、日々その大義に向かって自分の価値観を育んでいきながら、人格者としての精神を磨いていくのだ。

【勇】 ゆう

義を具現化するために、どんな困難をも恐れずに突き進む実行力。それを勇という。セールスにおける勇とは、人に笑われようが、恥をかこうが、失敗を何度繰り返そうが、セールスをやり続ける力のことだ。

セールスマンは常に「断られる」という恐怖と対峙している。恐怖のままでは行動できない。ゆえに何とか自分を奮い立たせ、気合で乗り越えようとする者がいるが、それは本当の勇ではない。必ずどこかで限界を迎え、心がポキンと折れてしまう。

また、これはベテランと呼ばれるセールスマンに多いのだが、「断られるのは当たり前」という呪文を唱える者もいる。しかし、それも勇ではない。断られることが当たり前になるとは、人間としての感性を鈍らせ、無感情になるということである。

無感情の人間に、相手の価値観を変えることはできない。無感情なセールスマンは、理屈だけで相手を動かそうとするが、セールスはそれほど甘くはない。

人を動かすことができるのは、感情豊かに、相手の心に言葉を響かせられる者だ。感性や感情が豊かなままの状態で、断られるという恐怖から解放される方法はただ一つ。断られるという現象に対して「面白い」という新しい解釈をすることである。

本当の勇の強さとは、鉄やコンクリートのような強さではなく、水や風のような柔らかさを持った強さなのだ。断られても断られても、面白がってどんどん突き進む実行力。それこそがセールスにおける勇なのである。

【仁】じん

仁とは、相手に対する思いやりの心。

断ってくる相手を素直に受け入れることが仁ではない。それは偽りの優しさであり、偽りの思いやりであり、自分が大事なだけなのだ。

相手よりも、自分を大事にするセールスマンは、断ってくる相手にクロージングをかけられない。なぜなら「嫌われたくない」からだ。欲しいと言っている相手にだけ販売をしていれば、自分は傷つくことはない。しかしそれでは、マーケットは限りなく狭くなり、そのようなセールスマンならごまんといる。何よりそのレベルのセールスであれば、もうこれからはＡＩの分野であることに気づかなくてはならない。

断ってくる相手にこそ、相手の未来の豊かさのために、仁を持って挑むのだ。反論されようが、嫌われようが、自分が扱っているサービスや商品に誇りがあるのなら、相手の価値観を変えて、販売することこそが仁である。

【礼】れい

礼とは、仁の精神を持って、それを形にして表現すること。

セールスにおける礼とは、相手の価値観を変えることであり、そのためのクロージングをするセールススキルのことである。

美しい歩き方やお辞儀の仕方などの所作、食事の作法など、それぞれに伝わる普遍的な教えがあるように、セールススキルにも普遍的なプレゼンの型がある。

それは、弊社で提唱する心理学を応用した「プレゼンテーションの5ステップ」だ。詳しくは、『SAプログラム　MSP（マスター・セールスプログラム）』を参考にしていただきたい。

弊社の創業者である桑原正守とともに、四半世紀をかけて実践をもとに現場で培ってきたノウハウであるため、徹底的にその型を身につけて欲しい。型を身につけた者だけが、型を破ることができる。そして、型を身につけずに我流で生きる者のことを形無しというのだ。

また武士道の礼は、心技一体であらねばならないように、セールススキルも義を持って扱わなければ、人の心を操る恐ろしい武器となってしまう。

【誠】せい
（127ページ、誠【せい】参照）

【名誉】めいよ

セールス道における名誉とは、トップを獲った回数やトロフィーの数、貰ったコミッションの額ではない。セールス道の名誉とは、最も断られた数の多いセールスマンに与えられるものなのだ。

武士は、一度でも失敗したら死ぬ。しかし、切られて死んだはずの武士が立ち上がり、相手に向かって切りかかる。そしてまた切られ、倒れ、また立ち上がる。何度倒れても立ち上がる不死身のボクサーのように、何度切られても起き上がって戦う。もしそんな武士がいたとしたら、とんでもない執念を感じることだろう。

セールスマンは、断られても死ぬことはない。つまり、セールスマンにはそれができるのだ。何度断られようとも、また起き上がってプレゼンをする。断られた数が最も多いということは、最もプレゼンをした回数が多いということでもある。

その不屈の精神こそ、セールス道の名誉なのだ。

【忠義】ちゅうぎ

武士における忠義とは、家臣が主君などに誓うもの。しかしセールスマンは、たとえ組織の一員であっても、自分という名の経営者であらねばならない。だとすれば、いったい何に忠義を誓えばいいのだろうか？

それは、自分の義であり、自分の正義であり、自分の美学である。それを貫いた者が「粋」であり、「人格者」となり、マスターセールスマンの称号を手にすることができるのだ。

しかし、「道」には「目標」と違ってゴールはない。

道は極めれば極めるほど、果てがないことを知る。仮にセールスという職から離れたとしても、その精神は人生の中で磨き続けていかなければならない。なぜならば、セールス道におけるセールスとは、ただ物を売ったり買ったりすることではなく、人間関係における全てのコミュニケーションであるからだ。

すなわち、生きていくということ、人生そのものが「セールス」なのだ。

虫【むし】

泣き虫、弱虫、癇(かん)の虫、点取り虫、お邪魔虫、金食い虫。

とかく日本人は、人を虫に例えるのが好きである。

私も幼少の頃は泣き虫で、おまけに癇の虫までいたそうだ。頭に血が上ると、とたんに暴れ出し暴力的になるため、保育園での記憶は、お仕置き部屋に閉じ込められていたことしか残っていない。

さらに青年期になると映画や演劇の虫となり、結婚して子どもができても、稼いだ全財産を演劇につぎ込んでしまう金食い虫であった。

人を虫に例えるのは、泣き虫や弱虫のように悪口になるものもあるが、本の虫や演劇の虫などのように、一概に悪口とは言えない虫もある。一つのことを一日中一心不乱に集中している姿が、まるで働きアリのようであるという例えなのではないだろうか。だとしたら、虫と呼ばれるのも悪くない。漫画の神様と呼ばれる手塚治虫は、本名の手塚治にわざわざ虫という字をつけてペンネームとした。日本の推理小説の草分け的存在である小栗虫太郎もまた然りである。

虫になるとは、何かに取り憑かれるようになることだ。

劇団をやっていた二十代は台本を書くことに夢中になり、一つ舞台が終わるたびに次の台本の執筆に取りかかるのだが、一週間くらいほとんど寝ずに書いていた。不思議と寝なくても何ともなかった。

朝になると、わざわざ電車に乗って演劇のメッカである下北沢に向かい、「マサコ」というジャズ喫茶で、朝から閉店までコーヒー一杯と小倉トーストだけで居座って書いていた。閉店になれば、自由が丘の近くの安アパートに帰って、また書いた。切りのいい所までと思って書いているうちに夜が明けて来る。そんな日々であった。

不思議なことに、集中すると周りの音は一切聞こえなくなり、腹も空かなくなる。ちなみに、当時私が住んでいたアパートの目の前は線路であった。電車が通っている間は会話もできないくらいの騒音にもかかわらず、台本を書いているときは一切気にならなかった。

台本は、頭でセリフを考えるというのではなく、頭の中にもう一つ別の世界があって、そこで全ての登場人物に憑依した私が勝手にしゃべっているという感じであった。自分でも面白いと思うのは、登場人物によって、それぞれの異なる人格に憑依していることだった。まさに何かに取り憑かれている状態である。

また夏などは、足を蚊に刺されまくっていても、書いている最中は全く痒くならない。何かとんでもないアドレナリンが出ていたに違いない。もちろん憑依から醒めたときは、死ぬほど痒いのだったが。

その体質は今も残っており、二冊目の著書『スタンド・バイ・ユー　便利屋タコ坊物語』を書いているときにも発動した。

午前中からパソコンに向かって書き始め、次第に夢中になって食事もせずに集中し、ようやく「よし、切りがついた」と時計を見ると、翌日の昼を過ぎていた。実に丸一日以上、トイレに一度行っただけで、食事も取らずに書いていたのだった。そして、集中が切れたとたん急激に腹が減り、たらふく食べて泥のように眠った。

思い返してみれば、兄も妹も父も祖父も、いったん何かに夢中になったら脇目も振らず徹底的にやり抜くという傾向がある（母にはそれが全くないが）。私の虫体質は、我が家に先祖代々から受け継がれているものなのかもしれない。

その虫は、我が子にも飛び火した。三人いる中の、特に真ん中の息子がそうだ。泣き虫だった幼稚園の頃に始めたサッカーに夢中になり、それから明けても暮れてもサッカー一色の生活が始まった。

我が家では、本人が本気で勉強したいと思うまで学習塾は禁止という、世間から見れば変わったルールを作っていた。

もちろん勉強よりサッカーが好きな息子は、高校三年の夏休みに入るまで一度も塾に行かず、寝ても覚めてもサッカー三昧で、サッカーの情報誌を作れるのではないかと思うくらいどっぷりとサッカーに浸かっていた。

そんなにサッカーを愛してやまない彼だったが、高校三年の夏の県大会地区予選、一度もピッチに立つことなくベンチを温めていた。負けた時点で終わりの高校最後のトーナメント戦は、幼稚園から始めたサッカーの集大成の試合と言っても過言ではない。一分でもいいからグラウンドに立ちたいはずだ。

スポーツの世界ではよくあることだが、非情にも息子には一向に出番が回ってこない。そして出番のないまま、チームは何とか予選を勝ち進んでいた。それでも息子は、監督に毒づくこともせず、腐ることもなく、試合から帰ってくると必ず「明日は出番があるかもしれないから」と一言呟き、黙々と自主トレをしていた。

その姿に私は、親馬鹿らしく目頭が熱くなり、誇りに思ったものだ。

そしてついに高校でのサッカー生活を終えると、突然、大学受験のための予備校に行きたいと言い出した。高校三年の夏休みという遅過ぎるようにも思えるタイミングだが、サッカーの虫から、受験勉強の虫へ変わった瞬間であった。

それまで全く受験勉強をしてこなかった反動なのか、息子は予備校に通った初日、帰ってくるなり「お父さん、予備校の勉強の教え方って、学校と大違いでめちゃくちゃ面白いよ」と興奮気味に語り出した。まるで携帯のゲームを禁止されていた子どもが、初めてゲームをしたときのようなはしゃぎっぷりだった。

受験勉強に対してこんなにも能動的になっているチャンスを逃さないよう、私は息子に聞いてみた。

「じゃあもし、どこの大学でも行けるとしたら、どこに行ってみたい？」

すると彼は、「どこにでも行けるなら東大に決まってるよ」と即答した。

「一浪しても、二浪しても行く価値はあるか？」

「ある」

「じゃあ、東大一本に絞って、めちゃくちゃ頑張ってみるか？」

「うん、じゃあ東大一本で行くよ！」

何度も言うが、高三の夏休みである。どう考えても馬鹿親子の会話であった。高校の担任からも、予備校の講師からも呆れられたのだが、一度信念を持った彼を誰も変えることはできない。

そして彼は、本当に受験勉強の虫となった。いつ寝ているのかわからないくらい、夜は深夜を過ぎても、朝は明るくなる前から勉強していた。あまりにも夢中になって勉強しているため、母親が息子の健康が心配になり「大学なんてどうでもいいから、早く寝なさい」と叱っている場面がしばしばあった。

最初は誰も信じてはいなかったが、学力はものすごい勢いで上がって行った。予備校に通い始めた当初は、東大コースのランクがつけられない圏外にいたのだが、それがひと月ごとにランクが上がっていき、一月の上旬にはCランク、つまり一浪すれば受かる可能性があるところまで到達した。半年間とはいえ、恐ろしい集中力である。

センター試験が終わり、ついに二次試験も終えて、受験の虫が家に帰ってきた。すると、彼は神妙な顔をして、こう私に話しかけてきたのだ。

「お父さん、相談があるんだけど」

「何だ、試験うまくいかなかったのか？」

「いや、試験はまあ、五分五分くらいなんだけど」

「えー！　じゃあ、現役で受かるかもしれないのか？」

「それでさあ、もし仮に受かってたとしても、一年浪人してもいい？」

「ん？　ん？　どういうこと？」

　全く意味がわからなかった。

「いやあ、実は受験勉強が面白過ぎて、今止めたくないんだよね。だから浪人して、あと一年予備校に通っていい？」

「……お前本当に馬鹿だな。だったら浪人しなくても、大学に在籍しながら勝手に予備校も通えばいいじゃん」

「あ、ホントだ！　お父さん頭いい！」

　またまた馬鹿親子の会話であった。

　結局運も良かったのだろうが、こうして彼は周囲の予想を覆し、見事に現役で東大に合格したのだった。入学してみれば、あれだけ夢中になっていた受験勉強のことは綺麗に忘れ去り、今度は南米の楽器を演奏する、何やら怪しげなサークルに夢中になっていた。まあ、それもいいだろう。

そう言えば、虫のいいところはどんどん変体していくことだ。初めは嫌われ者の毛虫でも、さなぎへと変わり、やがては美しい蝶となるように、小さな頃は泣き虫、弱虫でも、きっといつかは素敵な羽を広げて、大空へ羽ばたくのだろう。

世の中のセールスマンたちよ。今は毛虫だっていい。いずれ大空を飛ぶことを夢見てセールスの虫、プレゼンの虫、クロージングの虫になろうではないか。

名【めい】

名人、名店、名作、名選手、名監督、名君、名案、名門。
「名」とは優れたものにつく冠である。

しかし「隠れた名店」「知られざる名作」という言葉があるように、優れたものが必ずしも有名であるとは限らない。むしろ本当に優れていると思うものは、あまり知られていなかったり、人気がなかったりする。特に映画の世界では、それが顕著だ。
原因は大衆心理である。大衆心理とは、わかりやすく言えば、自分の感性とは関係なく、皆の意見に流される心理のことだ。映画のコマーシャルの常套文句「全米第一位」「〇万人が泣いた」につられて観たものの、結局そんなに面白くなかったという経験は少なくないだろう。

とかく日本人は、自分の感性を信じない。どこかへ出掛けるにもすぐに検索して星の数をチェックする。行列があれば、何の店かわからなくても、とりあえず並んでみたくなる。自分の舌が美味いと感じたものではなく、皆が美味しいと評価したものを食べたということに満足する。面白い映画を観たという自分の感情ではなく、面白いと言われている映画を観ることの方が大切なのだ。自慢するネタなのか、満足感なのか、あるいは皆と一緒であることへの安心感なのか、いずれにしても自分の哲学が存在しない。

私が言う哲学とは、その人の人生観であり、人生経験から得た独特な価値観のことである。だから大いに偏りがあって当然だ。日本では偏った考えはよくないとする風潮があるが、そんなことはない。偏っていれば偏っているほど哲学としては面白い。それがその人「らしさ」なのだ。

また、皆と同じ普通の考えからは、新しい独創的なものは生まれない。歴史に名を残す人たちを見てみれば、皆極端に偏った哲学の持ち主であることがわかる。「本に書いてあることを、わざわざ覚える必要はない」と言ったのはアインシュタインであり、心理学の創始者フロイトは、自分以外の仮説を一切認めないという頑固者であったという。だとすれば、逆に皆が支持する価値観には「?」を持った方がいい。無難で平凡なものであるのがオチだ。

偏った価値観を持った人間が魂を込めて作品を作れば、賛否両論になるのは当然のことだ。だから名作と呼ばれる映画の大半は、人気がない。私が好きな「名画座」と呼ばれる映画館は、大抵いつも空いている。

ちなみに私は、ハリウッド映画を観ない。その理由は、作品の作り方にある。ハリウッド映画は、投資家たちが「どんな映画を作れば儲かるのか」「主演は誰で、監督は誰にやらせればいいのか」などの戦略をもとに作った、いわば投資の道具なのだ。投資するからには面白くなければいけないのだから、その映画は面白いに決まっている。しかし、面白ければエンターテインメントとしては大正解などと、私は全く思わない。化学調味料で味つけされたファストフードは、確かに美味いかもしれないが、朝昼晩毎日それればかりを食べていれば、栄養失調になり、体調に異変が起こるだろう。

心だって同じなのである。化学的にどんなストーリーにすれば人が面白いと感じるのか、どのタイミングでどんなエピソードを入れれば感動するのか、そんな完璧なレシピに当てはめた映画を観続けていたら、きっと心も栄養失調になってしまうに違いない。

映画や絵画、音楽といった芸術の分野では、作品がただ売れればいいという訳ではない。作品は、商品とは根本的に違うのだ。

ゴッホの絵が素晴らしいのは、その絵には一切の損得勘定がなく、ゴッホのほとばしる情熱と魂が込められているからに違いない。もし、ゴッホが逐一客に好みを聞いて、客が喜ぶタッチや構図で描いていたとしたら、これほどまでに高い評価を受けていただろうか。

「あ、ひまわりじゃなくてチューリップがお好みですか？　さすがお目が高いですねえ。じゃあ、いろんな色を使ってゴージャスに描きましょうね」などと言って描いた絵に、魂を感じることはできない。しかし残念なことに、偏った価値観でこだわり続けて描いた作品は、すぐには評価されない。実際、ゴッホが生きている間に売れた絵は、たったの一枚きりである。

芸術作品とは、まさに作り手の価値観の表現である。こだわっていればいるほど、偏っていればいるほど意味がある。作り手が作りたいものを一切妥協せず、徹底的に哲学を追求したものが芸術作品なのだ。そのため当然好き嫌いが明確に分かれ、ほとんどの作品は、全く評価をされないまま消えてしまう。

しかし、その中で傑作と言える名作が眠っていることも確かなのだ。

私は夜な夜なレンタルＤＶＤ店に出掛けては、考古学者シュリーマンのごとく、眠っている名画を掘り起こしている。十代の頃から、平均して週に五本の映画を観続けており、フランス、イタリア、スペイン、ポーランド、ドイツ、スウェーデン、フィンランド、イスラエル、ロシア、イラン、アルゼンチン、メキシコ、中国など、世界中の映画を観てきた。年間二百本として、約八千本の映画を観た計算になる。大抵は駄作（あくまでも私の価値観である）なのだが、たまに名作を発掘すると、得も言われぬ喜びを感じるのだ。

せっかくの機会だ。ほとんどの人が、おそらく一生観ることはないだろうと思われるマイナーな名作を、少し紹介しておこう。

『ミツバチのささやき』（スペイン）
自然界と魂が繋がっている幼少時代から、少しずつ切り離され成長していく少女の物語。

『蜘蛛女のキス』（アメリカ・ブラジル合作）
性犯罪者と政治犯の異質な二人が極房の中で出会い、愛情が芽生える奇妙な情愛劇。

『つぐない』（イギリス）
少女のついた小さな嘘が、二人の人生の運命を変えてしまう。はたしてこの映画は悲劇なのか、ハッピーエンドなのか、世界中の意見が二つに分かれた問題作。

『ラースとその彼女』（アメリカ）
生身の女性を愛せない主人公が恋人に選んだのは、ダッチワイフ。可笑しくて切なくて、そして心が温かくなる。

『街のあかり』（フィンランド）

哀れな負け犬の人生を描いた作品だが、苦味の中の甘さのような、不思議となぜか心地よい後味を残す。

『ブンミおじさんの森』（タイ）

これぞ映画で観る哲学！　映画に仕組まれたメタファーの意味を読み取れ。

『野いちご』（スウェーデン）

人生とは現実だけでなく、思い出も妄想も夢も嘘も、全部含めて人生なのだ。

『卵』『ミルク』『蜂蜜』ユスフ三部作　（トルコ）

繊細な詩人の人生を、壮年期、青年期、幼少期と、時間をさかのぼって描く美しく静かな抒情詩。

『桜桃の味』（イラン）

人生に絶望した男が、自殺を幇助してくれる相手を探すだけの映画。しかし命の意味を深く知ることになる。

『明りを灯す人』（キルギス）

遊牧民の末裔が暮らす、小さな村の貧しい電気職人の大きな希望の灯の物語。

『オアシス』（韓国）

障碍者同士の恋愛映画。正義や常識がひっくり返る。これこそ世界で最も美しい恋愛映画だ。

私の独断と偏見による「名画」である。決してストーリーを理解しよう、わかろうと思わず、監督の独特な哲学を感じ取っていただきたい。

さて、先ほど登場した考古学者シュリーマンは、当時作り話だと思われていた「トロイの木馬」をただ一人信じ込み、遺跡の発掘に臨んだ男だ。日本で例えるなら、神話に出てくる「やまたのおろち」の存在を信じて、その化石の発掘をしようとするのと同じくらい無謀なことである。

彼は、伝説のトロイ遺跡発掘のために全ての時間と財産を捧げ、周りの人間からどんなに馬鹿にされても信じ続け、そうして苦難の末、ついにトロイ遺跡を発掘したという名考古学者だ。

シュリーマンほどの苦難はなかったものの、私も先日、ついにトロイ遺跡に匹敵する最高峰の名画を発掘した。

ハンガリーのタル・ベーラ監督作品『ニーチェの馬』である。

二時間半にも及ぶモノクロ映画の大作だ。

そもそも自ら好んでハンガリー映画を観ようなどと思う人は、よほどの映画好きで、変態レベルだろう。そしてこの映画は、我々変態をも唸らせるほどに偏っている。私もそうとう哲学的映画を観てきたつもりであったが、ぶったまげた。

とてつもなく暗い映画だ。極貧の生活をしている父と娘の「終末の日を迎える六日間の日常」を淡々と描いているだけで、極端に台詞は少ない。カメラの切り替えもほとんどなく、二時間半の映画を、わずか三十カットで撮影している。

まるで画面が動かない紙芝居のような映画なのだが、なぜかどんどん映画の世界観に引きずり込まれていく。いつの間にか、映画の中で親子が無言で食べている茹でただけのジャガイモの味が、私の口の中を支配していた。

そして、観終わった後に襲われる、心地の良い絶望感。眩しいくらいの暗闇。

想像を超えた偏りを見せるタル・ベーラ監督の哲学に、私は完全に酔いしれてしまった。そしてタル・ベーラ作品を掘り続けていると、さらにとんでもない宝が出てくるではないか。七時間十八分という、映画の常識をぶち壊した『サタンタンゴ』。世界中の映画館が上映を拒否した、いわくつきの映画だ。

二十年もの間、一度も母国ハンガリー以外で上映されることはなかったのだが、最近になって評価が上がり始め、上映する映画館が出てきた。私は運がいいことに、たった一週間だけ有楽町で上映した際に、たまたま一日スケジュールがぽっかり空いていたため、鑑賞することができたのだ。これはもう、呼ばれたとしか思えない。

二回の休憩を挟み、八時間を超える上映だった。

映画『俺たちに明日はない』のラストシーンのボニーとクライドのように、私は映画というマシンガンで何百発もの弾丸を撃ち込まれた。もうすでに死んでいるのに、それでもなお容赦なく死体に向けて弾丸を撃ち込まれ、まるで人形が踊るようにずっと悪魔のタンゴを躍らされ続けたのだった。

その感動を全て語るにはページ数が足りなさ過ぎるため、またの機会としよう。

万人受けすることのない芸術作品に触れると「よくわからない」と人は言う。しかし、そもそもわかろうとすることが間違いだ。頭で理解するのではなく心で感じればいい。

いつも誰かが正解を教えてくれると思い込んでいる哲学を持たない人間は、常にわかりやすく、勧善懲悪で、ハッピーエンドの作品ばかり好むが、心がジャンクフード中毒になる前に、時には難解とされる映画や、偏屈な人が面白いと称賛する本を読むことをお勧めする。

いずれも自分からメッセージを取りに行かなければ作品の本質にはたどり着けないが、だからこそ面白い。自分の力で咀嚼し、味わい、作者の意を酌み、自分の哲学と比較し、その差に深い解釈を与えるのだ。そうして自分だけの独特で偏った哲学を育てていかなければ、どんな名作に出会ったとしても結局はつまらない迷作で終わってしまう。

しかし、世のセールスマンたちよ、よく聞け！

「いいモノなのに売れない」のは、セールスマンの罪だ。

売れないのは、セールスマンに哲学がないからだ。

「本当にいいモノは売れない」などとうそぶいて、開き直っている場合ではない。

いいモノだからこそ使命を持って売りまくるのだ！


迷えるセールスマンたちよ、無難になればなるほど「迷セールスマン」と化していくぞ。

偏った価値観という剣を磨き、迷いを断ち切れ！

そして「名セールスマン」への道を堂々と歩んで行くのだ。

門【もん】

訪問販売のセールスマンにとって第一関門となるのが「門」、つまり玄関の扉だ。

門前払いやドタキャンは、セールスマンにとっては宿命のようなものであり、残念ながら切り離すことはできない。そのたびにダメージを受けていては仕事にならない、と頭ではわかっていても、実際にはダメージをしっかり受ける。しかし、実はこの門前払いを受けたときの反応に、セールスマンとしての資質が問われるのだ。

一番まずいのは、「真面目タイプ」だ。

真面目はいいのではと思うかもしれないが、真面目過ぎる人間は柔軟性がなく、思い通りに行かないとストレスをもろに受けてしまう。すると落ち込むか、機嫌が悪くなるかのどちらかになる。落ち込むタイプの人は、自分のコンディションを悪くするだけでまだ可愛げがあるが、機嫌が悪くなる人は最悪である。機嫌が直るまで無駄なロスが生まれ、自分のコンディションだけではなく周りの雰囲気まで悪くする。これではしょっちゅうエンストする車に乗っているようなもので、安心感がない。

原因は、「仕事は真面目にやらなければいけない」という強制された考えだ。

真面目になると、心が「強くて硬い」状態になる。強い心を持つことは素晴らしいが、問題は硬いことだ。硬くなると自由度を失う。「〇〇するべき」という「べき論」ばかりで、苦しくなる。硬いものは、それ以上に硬いものにぶつかれば壊れてしまうが、心が折れるという表現がまさにそうではないか。

折れなくするためには、心を「強くて柔らかい」状態にしておくことが重要だ。

我々は、無意識に「強い＝硬い」「弱い＝柔らかい」というイメージを持っていないだろうか。コンクリートや鉄は、まさに強くて硬い。しかし強くて柔らかいものも、現実世界にはたくさん存在する。

「水」「風」「火」これらは岩を削り、コンクリートを砕き、鉄を溶かす強さがある。そしていずれも特定の形を持たない自由度がある。つまり「こうあるべき」ということがなく、状況に合わせてどんどん変化できるのだ。

真面目な人は、自分の心の門に鍵がかかっている。
心の門の鍵を壊して、心を解放してやるのだ。
難しいことではない。
真面目を手放して「遊び心」を持てばいいのだ。

「仕事なのに遊び⁉」と思った人は、すでに心が真面目に支配されているぞ。
「遊び」と「遊び心」は違う。遊び心とは、ゲーム感覚で仕事をするということだ。真面目に仕事をしている人の最大の欠点は、たとえやりたくない仕事でも「我慢」してやってしまうことである。真面目とは我慢することだと本気で思っている。なぜなら、誰もが小さい頃から「我慢してやりなさい」「我慢して食べなさい」などと、やらなければいけないことは「我慢」してやるのが当たり前だと教育されてきたからだ。

しかし、我慢してやっているからストレスが溜まり、次第に受け身でしか動けなくなるのだ。また、少しでも理不尽なことがあると、我慢しているがゆえに被害者意識が芽生えてしまう。

ではもし、やるべき仕事を「面白がる」ことができたとしたらどうだろうか？　面白いのならストレスなど溜まる訳もなく、常に能動的に行動ができる。素晴らしいではないか。それこそが、遊び心を持って仕事をするということなのだ。

たとえば訪問販売をするとき、一つのドアが開くまで何十件もの門前払いを受けなければならない。真面目な人は、断られるたびに受けるダメージを少しでも和らげようと、心を守るためにどんどん無感情になっていく。つまり、自分の心の門を閉ざしてしまうのだ。するとますますドアは開かなくなるだろう。自分の門を閉ざしておいて、相手の門を開けられるはずもないからだ。

では、どうすれば門前払いを面白がることができるだろうか？

私が現役時代に実際にやっていたのは、こんな目標の立て方だ。
普通は「今日のノルマは五契約」というように、あくまでも契約数にこだわるのだが、私は「今日のノルマは二百件断られる」と、断られる数に重きを置いたのだ。

逆転の発想である。

契約数にこだわっていると、なかなか契約に至らないことにいら立ってくるのだが、私の場合断られるたびにノルマが減っていくことになるため、楽しいのだ。なんなら、全部に断られたっていい。その方が早くノルマが終わって家に帰れるのだから。

しかしこうなってくると不思議なもので、なぜか勝手に何件かは契約になってしまうのだ。ノルマに怯えて強張った顔をしているセールスマンとは違い、自然とワクワク感が顔に出ていたのだろうか。
また、門構えを見ただけで厄介な人が住んでいそうな気配を感じるときなども、普通ならインターホンを押すのをためらってしまうものだが、逆に「やった！　確実にノルマが減るぞ！」と、私は嬉しくなって喜んでいた。

しかもメリットはこれだけではない。契約数にこだわっているセールスマンは、ノルマに達した時点でモチベーションが切れる傾向にあり、まだ時間が残っていても仕事を終わりにしてしまう。そして溜まりに溜まったストレスを発散するために飲みに行く。しかし断られる数をノルマにしていれば、実際のノルマの五契約が取れたとしても、断られる方のノルマが終わっていなければやり続けなければいけない。結果的に契約をノルマにしている人の倍の十契約も取れたということがよく起こっていた。

さらに面白いのは、夜の時間帯だ。遅い時間に入ってから断られたりすると、普通はものすごくダメージを受け、断った人を憎々しく思えてしまうことだってあるだろう。モチベーションはなくなり、コンディションは悪くなり、ストレスはマックスだ。しかし私の場合は「ありがたい、これであと一件断られたら帰れるぞ！」と、断ってくれた人がいい人に思えて感謝したくなるのだ。モチベーションは溢れ、コンディションは絶好調で、ストレスは皆無だ。

しかしこれもまた不思議なもので、「断られたい」と強く念じているときほど契約になってしまうから現実世界というのは面白い。

大事なことだから、もう一度言っておく。

ポイントは自分の心の門の「真面目という名の鍵」を壊し、心を解放してやることだ。「門を開け放してしまったら、悪いものが入ってくる」などと恐れる必要はない。ちょっとくらい変なものだったとしても受け入れてみよう。こちらが怖がったり、相手を悪だと決めつけたりするから悪になるのである。鬼だってお化けだって、面白がって付き合ってみれば、結構いいヤツかも知れない。

そんな発想が、「遊び心」だ。

さあ、心の門を開いて、面白いことを考えて変なことをやってみよう。

闇【やみ】

「心に闇を持て」

この言葉は、私が小学生のときに父から聞いた、最も衝撃的な哲学である。

当時の私には、父の言葉の真意を計り知ることはできなかった。なぜ光や希望ではなく闇なのか。子どもの私にとって、闇は妖怪や化け物が棲む、ただただ恐ろしい存在でしかなかった。

そして父はこう続けた。

「最近の人間は、明るいものばかり好む。映画でもドラマでもハッピーエンドばっかりや。せやからみんな薄っぺらいんや。音楽くらい、暗い曲を聞け」

真意はわからなくても、薄っぺらい人間にはなりたくなかった。

だから小学生の頃から、同級生たちがピンク・レディーや百恵ちゃんに夢中になっている中、私はポルトガル民謡の「ファド」や、南米アンデス地方の民族音楽「フォルクローレ」などを聴いて育った。

中学生になって、映画館でリバイバルされていたスタンリー・キューブリック監督の『2001年宇宙の旅』を観て、地球の外側には無限の闇が広がっていることを知った。むろん知識としては以前からあったが、疑似体験にしろ、私はその映画を通して初めて無限の闇というものを体感したのだった。闇は、化け物が棲むようなところではなく、次元を超えた恐ろしい場所であり、また相反する美しく神秘的な存在であることを教えられた。

この青く輝く世界のその真相は、深く暗い闇の中にあるのだ。

それから私は貪るように暗い小説を読み、暗い漫画を探し、中島みゆきを聴き、暗い映画を観まくった。怒り、痛み、苦しみ、裏切り、嫉妬、恐怖、矛盾、不条理、絶望。

それらは何種類もの薬草を混ぜて煮込んだような痛みを伴う苦い味がした。

確かにこの強烈な苦みの中に潜む旨みにたどり着けない者は、「幸せ」とは「ただ明るく楽しい」ことだと勘違いしてしまうだろう。それを父は、薄っぺらな人間と呼んだのだ。

楽しさは甘味と似ていて、とろけるような甘いスイーツを食べれば幸せを感じるのはよくわかる。しかし毎日三食甘いものだけを食べていたら、確実に味覚はバカになる。毎日が楽しいなどと言っている者は、私はバカですと言っているようなものだ。楽しさなんてたまにあるから幸せなのだ。

ましてや仕事が楽しいなんてもってのほかだ。

楽しいという字は、楽（らく）とも読む。仕事は厳しくて当然、価値あることをやろうとすれば厳しく辛いものだ。

仕事を楽してどうする。人生を楽して何が面白い。

仕事も人生も楽しむのではなく、面白がるのだ。

厳しいからこそ、辛いからこそ、解釈力を駆使して「面白い」に変換するのだ。

「楽しい」と「面白い」は全く違う。「楽しい」は陽のエネルギーだけだが、「面白い」には陽のエネルギーだけではなく、陰のエネルギーも含まれるからだ。

楽に勝てる簡単なゲームはつまらないだろう。ゲームは難しいから面白い。仕事も人生も楽ばかりでは面白くない。苦しみや悲しみ、矛盾や葛藤という困難があるから面白い。その解釈ができない人間が、楽しさだけを求めようとする。

「楽しいだけの人生」なんてまやかしだ。騙されてはいけない。

光があれば、必ず影ができる。しっかりと影の部分を見るのだ。

ポーランドの作家の自叙伝的な小説を元にした『異端の鳥』という映画を観た。

チェコの監督作品であったが、あまりにも残酷で暗い。目を背けたくなるシーンに耐えられずに、ある映画祭では途中退席者が続出したといういわく付きの映画だ。

色のないモノクロ映画で、必要最低限の台詞しかなくＢＧＭもない。しかし生々しい痛みが伝わってくるほどの無慈悲なストーリーにもかかわらず、その映像はぞっとするほど美しい。

第二次世界大戦中の東ヨーロッパのとある村で、ホロコーストを逃れ疎開した少年が、ユダヤ人であることでむごたらしい迫害を受けながらも、生き延びて家に帰るために、必死に旅を続ける物語だ。

映画の猛烈な毒にあたって体が痺れた。みぞおちの辺りに、消化しきれない黒い塊がうごめいていた。エンドタイトルの後、スクリーンの向こう側にはのほほんと生きてきた自分の姿が見えた。何て無様で間抜けな顔であることか。何の気迫も感じない。この言葉にできない敗北感はいったい何なんだ。

映画を観て一つだけわかったことがある。人生において最も不幸なのは、退屈であるということだ。不思議なことに、私は迫害を受け続けた少年の人生を不幸だとは感じなかったのだ。壮絶なリンチよりも、極寒の地の恐怖よりも、死を覚悟するような空腹よりも、退屈であることの方が不幸だ。

以前にも同じように感じたことがある。『将棋の子』という、年齢制限によってプロになれなかった棋士たちのその後を描いたドキュメンタリー小説を読んだときだった。

プロ棋士になれるのは、ほんの一握りの勝ち続けられる者だけだという。そのためほとんどの者が、年齢制限によってある年齢に達する自分の誕生日をもって、完全にプロになる道を断たれてしまう。そして彼らの多くは、目標を失った喪失感で人生の坂道を下落していく。共通しているのは、それまでの試練が辛過ぎたことで、次の新たな試練を受け入れられないことだった。

もう苦しみから解放されたい。これからの人生は楽になりたい。

そしてその後、確かに楽にはなるのだったが、それと引き換えるかのように目標も生きがいもない、長い退屈な人生を送ることになる。彼らは何も悪いことをしていない。一生懸命に頑張っただけだ。しかし、退屈な人生に陥ってしまったことに理由があるとすれば、それはやはり厳しい試練という名の闇の中に、面白さを見つけられなかったことではないだろうか。私にはそう思えてならない。

人生の幸福感を「楽しい」や「楽」で埋めようとしている人間は、結局この「退屈」という地獄に落ちてしまうのだ。

退屈とは死んでいるような時間のことなのだ。

少なくとも痛みと苦しみと恐怖の中で必死に生きているあの少年には、一瞬たりとも退屈な時間はなかった。常に死と隣り合わせの中、少年の命はマグマのように燃えたぎっていた。

むろんそれを幸せと呼べるかどうかはわからないが、明らかに生きていることに感動し続けていた日々であっただろう。それは決して不幸ではない。

父の言う「心に闇を持つ」とは、痛みや苦しみや恐怖といったものを許容できる肚を作るということではないだろうか。

昭和十年、満州事変によって日本軍が占領した中国の東北部満洲で生まれた父は、十歳のときにその地で敗戦の日を迎えた。一夜にして満洲の状況は一変したそうだ。それまで何不自由なく、中国人たちよりも贅沢な暮らしをしていた生活の全てが、その日を境に失われてしまったのだ。

終戦を機に、日本人に対する恨みが一気に爆発し、中国人による暴動が起きた。もし日本人だとわかれば、老人でも子どもでも容赦なく襲われたそうだ。

しかも父の母親は終戦前に亡くなっており、父親は第二国民兵として戦地に赴いたまま行方不明となっていた。残された幼い弟と二人、十歳の父は頼れるものが何もない異国の地で、それでも生き延びるために痛みも苦しみも恐怖をも飲み込んで、暗闇の中を歩き続けたに違いない。

映画『異端の鳥』の少年は、私の父そのものだ。

少年も父も心に闇を持つことで、人生に絶望することなく運命に抗うように生き続けたのだ。

光ばかり求め続けた挙句、絶望してしまう人生なんて私はごめんだ。

セールスマンたちよ。闇から逃れようとするのではなく、
あの少年のように、父のように、心に暗く深い闇を抱き、
どんな時代が来ようとも、しぶとくしたたかに生き延びてやれ！

夢【ゆめ】

夢は、眠っているときに見るもの。

いや、違う。目覚めているときにこそ夢を見ろ。

世の中には、いろんなものを盗む泥棒がいるが、その中でも最も悪質なのは、人の夢を盗む夢泥棒である。しかもその泥棒は、人の夢を盗んでいるという自覚がないから始末に負えない。

しかも夢泥棒の正体は、親であったり、教師であったり、友人であったり、夫であったり、妻であったりと、意外にもすぐ身近にいる存在なのだ。

例えば、高校に通う我が子が学校を辞めて「芸人になりたい」「アイドルになりたい」

と言い出したら、どうするだろう?

理想的な答えならいくらでも言えるだろうが、現実に直面すれば、「お前には才能がないから無理だ」「常識で考えれば、何の取り柄もない人間にできる訳がない」「そんな夢みたいなことばかり言ってないで、真面目にやりなさい」という声が聞こえてくる。

夢泥棒は、常識という物差しで人の夢を測り、自分の価値観を押しつけ、相手の夢を奪っていく。しかしそれは、相手を守ろうとする愛情ゆえの行動であり、大抵は親の言っていることの方が正しいということもわかる。自分の子どもに才能があるかどうか、どんな困難にもめげずにやり続けられるかどうか、本人以上にわかっているのが親というものだ。

統計的に考えてみても、例えば売れたと世間が認識する新人芸人は、多めに見て毎年せいぜい三十人以下だろう。ましてや一瞬売れただけで消えていく一発屋芸人を除けば、ほんの数人という厳しい世界だ。それに対して、宝くじやスポーツくじで一億円以上当たるのは毎年四百口以上もある。また、東大合格者は毎年約三千人だ。

数字から見れば、芸人で成功するということは、東大に入ることよりも、宝くじで一億円以上当てることよりもはるかに難しいということになる。

だがしかし、それがどうした！

安心、安定と引き換えに、夢を見なくなった人生にいったいどんな価値があるというのだろうか。叶いそうもない夢に向かって覚悟をもって挑んでいく人生よりも、できそうなことだけを選んでこぢんまりとした人生を生きていく方が素晴らしいとは、私には到底思えない。

可能性が低くてもいいではないか。ゼロでなければ、不可能ではないということだ。たった一パーセントだったとしても、可能性はあるということなのだ。

夢泥棒たちに共通しているのは「叶えられない夢なら、見ないほうがいい」という価値観である。

はたしてそうだろうか？

振り向いてもらえない相手なら、出会わなかった方が良かっただろうか？

勝てない相手なら、試合をしない方がいいだろうか？
生涯苦しむ人生なら、生まれてこない方が良かっただろうか？

答えは全てＮＯだ！

負けるとわかっている勝負でも、全力で挑んでいく者の姿は美しい。たとえ全て失敗に終わったとしても、その人生が幸せか不幸せかは本人が決めればいいことなのだ。

私は高校二年のとき、将来映画監督になるために、高校に通うのをやめて役者の勉強をしたいと親に話した。頭ごなしに否定されるかと思いきや、父は「本当にやりたいならやればいい。ただし決して甘い世界ではないぞ。途中で放り出すならやめておけ。それでもやりたいのなら全ては自己責任だと思ってやれ」、そう言ってくれたのだ。

そしてその後どうなったかと言えば、入りたかった劇団のオーディションに落ち、ならばと上京して自ら劇団を立ち上げ、劇団員を集め、脚本を書き、人に騙され借金を抱え、それでも借金を返してまた立ち上がり、紆余曲折しながら十五年間奮闘するも一度も興行的に成功することなく、ついに三十一歳で劇団は解散し、結局映画監督にはなれず仕舞いである。

しかし、私は自分の人生に一ミリの後悔もない。

負け惜しみではなく、心から素晴らしい人生だと言える。

苦労しながらも、劇団を主宰したおかげで普通では味わうことのできないドラマのような経験をすることができ、その経験は現在の教育事業にも大いに役立っている。また、一生付き合える仲間ができたのも、何より私にはもったいないくらいの素晴らしい伴侶と出会えたのも、劇団があったからなのだ。

劇団を通して一番学んだことは、父が言った「全ては自己責任」という生き方だ。

その言葉通り両親は、応援だけはしてくれたものの、援助は一切しなかった。

どんなに貧しく食べることに不自由していても、決して帰ってこいとは言わなかった。

人に騙され多額の借金を抱えたときも、映画監督への道から逸れて訪問販売の仕事に就いたときも、ただ黙って気づかぬふりをしてくれた。

そして仕事もうまくいかず、借金が日ごとに膨らんで、ついには急性胃潰瘍で吐血して緊急入院したときも、最後まで見舞いに来ることなくじっと静観し続けた。

その話をすると、人は「何て冷たい親だ」と言うかもしれない。

いや、冷たいのではなく、とてつもなく強いのだ。

どんな親でも、我が子が遠く離れた地で血を吐いて入院したと連絡が来たら、飛んで行きたいに決まっている。母もきっとそうだったに違いない。しかし私には、そのとき母に放ったであろう父の言葉が聞こえてくる。

「いいから放っておけ。胃潰瘍なんかで人はくたばらん。こんなことで親がしゃしゃり出てどうする。自分で何とかするしかないぞ」

まるで我が子を谷底に突き落とすライオンのようである。心の底から我が子を信じていなければできることではないだろう。とても心が強くなければできない。なぜなら、単に相手を信じていればいいというだけではなく、もし相手が落ちた谷底から這い上がれなかったときは、その事実を受け入れる覚悟が必要だからだ。

その覚悟が持てないから、人は危険な夢をあきらめさせようとし、何かあればあったですぐに助けてしまう。つまり夢泥棒たちは、自分の愛する人の苦しむ姿に自分が耐えられないから夢を奪うのだ。

そんな理由で夢を奪われてはたまったもんじゃない。

愛する人を、本当に愛するのであれば、その人の夢を応援し、励まし、自立させてやることこそが本当の愛情ではないか。そして夢破れて傷ついたときには、一緒に苦しみ泣いてやればいい。

それをセールスの業界用語では「クロージング」という。

クロージングの本当の意味は、「契約の段階」ではない。

「相手を本気にさせる」という意味だ。

相手の未来の夢に本気にさせてやる。相手の向上心を本気にさせてやる。勇気を引き出し決断させてやる。

そのためには、まず自分自身が自分の夢にクロージングできているか、覚悟を持って生きているか、全てを自己責任としているか、厳しく自問自答しなければいけない。

私はそんな両親のおかげで、夢を奪われることはなかった。

結果夢は破れ、傷つきもしたが、そうした経験によって強くもなり、借金地獄から自分の足で立ち上がることもできた。誰のせいにすることもなく、被害者になることもなく、全ては自己責任という素晴らしい哲学を手に入れた。

夢なんて何度破れたっていい。

人生はこれからも続くのだ。

自己責任のもとに、何度でもかのドン・キホーテのように、大いなる夢を追い続けるのだ。

欲【よく】

「無欲は怠惰の基である」

これは、幕末から大正にかけて活躍した実業家渋沢栄一が残した名言である。科学や文明の進歩は、人間の大いなる欲望の結果だと言える。確かに欲がなければ、人間が空を飛んだり、遠くの人と話をしたり、病気の治療法を発見したりすることはなかっただろう。

一方で、世界で一番貧しい大統領と呼ばれた南米ウルグアイの第四十代大統領ホセ・ムヒカ氏は、こんな言葉を残している。

「貧乏とは、欲が多過ぎて満足できない人のことです」

２０１２年にブラジルで行われた国連の「持続可能な開発会議」において、最も衝撃的で、最も世界中が共感したスピーチだった。

彼は、豪華な大統領官邸で暮らすことを拒み、郊外の水道も通っていない自宅の農場に住み続けた。大統領就任中の給料約百三十万円の八割を寄付し続け、残ったお金も貧しい子どもたちのための学校を作る資金として貯金した。資産は古くなったワーゲンとトラクターだけという、事実上、最も質素な暮らしをしていた大統領だったのだ。

しかし、ムヒカ氏は言う。

「私は貧乏ではない。貧乏な人とは、少ししか物を持っていない人ではなく、無限の欲があり、いくらあっても満足しない人のことだ」

ムヒカ氏から見たら、この現代の科学の発展はどう見えるのだろうか？

ずっと子どもの頃から、何の疑いもなく科学の発展は素晴らしいことだと思ってきた。しかし最近になって、ＡＩを筆頭に科学の進歩するスピードがあまりにも早過ぎるのではないだろうかと、心の中で警鐘が鳴る。

自然界には自然界の歩調がある。人類も動物も自然環境も、時代とともに変化していくことは必然なのだが、自然界の調和を超えた変化や進化は必然ではない。昨日蒔いたばかりの種が今日実っていたら、それは異常なことだ。

ムヒカ氏が日本に来て驚いたのは、最新型のトイレだったという。便器の蓋が自動で開いたり閉まったりするのを見て、「なぜこんな無駄なことに知恵や労力を使うのか？手でやれば済むじゃないか」と嘆かれたそうだ。衛生的で快適な日本のトイレだが、水道のない家で、毎日井戸水を汲み続けているムヒカ氏にとっては、その快適さは狂気に感じたのだろう。

私自身、近年、特に２０００年代に入ってからのインターネットの普及に伴う世の中の変化のスピードには、恐怖すら感じる。

インターネットやコンピューターが発達したおかげで、どんな情報も簡単に手に入るようになったが、その反面、人は自分の頭で考えることをしなくなった。頭で考えるよりも、ＡＩやインターネットに頼った方が正確な答えを瞬時に取り出せたり、どこに行くのでも最短ルートを簡単に教えてくれたりする。このままでは間違いなく人間の記憶や考えるための脳は、退化していくに違いない。

何よりセールスマンがＡＩに頼っていては危ない。インターネットを駆使して簡単に売れる仕組みを作ることなどに労力を使っていると、どんどんセールスメンタルは弱くなり、セールススキルは落ちてしまう。ＡＩにはできない人間力を磨き続け、ＡＩにはできないセールスをすることにセールスマンとしての価値があるのだから。

そういえば、先日半蔵門から港区の芝まで行くのにタクシーに乗ったら「お客さん、ナビが故障しちゃってるから、申し訳ないけど道を教えてくれますか？」と言われた。タクシーの運転手でさえ、カーナビがないと目的地にたどり着けないという人が現れてきたのだ。ナビ依存症である。はたしてそれでプロだと言えるのだろうか？　レストランに入って注文したら、コックが「今日はレシピを忘れてきたので、作り方を教えてくれませんか？」と言っているのと同じではないか。

通勤電車では大人たちがスマホを片手に漫画や動画を見ている。
街角では日中サラリーマンがポケモンを捕まえている。
公園では親が子どもよりもＳＮＳに夢中になっている。

部屋に戻れば課金すれば強くなれるとスマホゲームにお金をつぎ込む。もはや中毒になっている者までいる。

哲学書や文学作品は読まれなくなり、新聞を取る人も減った。それよりも子ども向けの漫画やアニメを、大人の方が必死になって見ている。体は大人になったのかもしれないが、心はずっと子どものままだ。私が子どもの頃、もし父が「マジンガーZ」や「ガッチャマン」などのアニメを私より必死に見ていたらと考えると、どれだけ異常なことが起きているのかがよくわかる。

現代人は、常に目と耳から必要の有無にかかわらず情報を大量に入れている。一日の中でいったいどれくらい物思いにふける時間があるのだろう。いや、物思いにふけるという言葉はもうすぐ死語になるのではないか。

だとすると、その仕入れた情報は、いったいいつ放出しているのか。もし入れ続けるだけで、放出しないならば、それは食べて食べて食べ続けて、一切排泄しないで巨大化していく醜い怪物と同じだ。

確かに昔に比べて、我々の生活は全てが便利になった。そのおかげで人々の幸福感も増したことだろう。交通や通信機関も、医療も、娯楽も食生活も全てありがたい環境に恵まれている。

しかし、喜んでばかりもいられない。

もっと便利にしたい、もっと楽をしたい、いつでも楽しいことをしていたいという人間の欲望が、まさにムヒカ氏の言う満足を知ることなく暴走を続けているのだ。これ以上便利になる必要がはたしてあるだろうか？　我々は、欲張り爺さんは必ず最後に痛い目に遭うという昔からの教えを忘れてしまったのだろうか。

地球上で循環できないゴミを出しているのは人間だけである。明らかに人間の限りない欲望によって自然環境が悲鳴を上げているのだ。排気ガスの影響で地球温暖化は加速し、異常気象は止まらない。毎日世界中で三分の一の食糧が廃棄されている。２０５０年には、海洋プラスチックゴミの重量が魚の総重量を超えるという。

人間は得体の知れないウイルスを恐れるが、地球からすれば最も脅威なウイルスは人間なのだ。

どうだろう、もうこの辺りでいったん文明の進化を止めてみようではないか。日本であれば、どんなに貧しくても戦国時代の武将よりは贅沢に暮らせる。信長でも秀吉でも家康でも、もし食べたら気絶してしまうくらい美味しいものが、コンビニで二、三百円も出せば簡単に手に入る。夏でも涼しく冬でも暖かく快適に過ごせる。数万円あれば海外旅行にも行ける。何より、いつ命を狙われるかビクビクしながら生きる心配が一切ないのだ。

これ以上便利にしようとすれば、神に近づこうとして天高く築き上げた結果、神の逆鱗に触れ崩壊したバベルの塔のごとく恐ろしい結末が待っているに違いない。だとしたら思い切って、脳の方ではなく、環境の方を少し退化させてみよう。

想像してみる。

世界で同時に文明を少しだけ退化させるのだ。
インターネットが現れる少し前の時代ぐらいでちょうどいい。
パソコンやスマートフォンはこの際あきらめよう。
本は本屋で買えばいいし、洋服だって試着して買った方がいい。
注文したものは翌日届かなくても大したことではないし、
必要なくなったものは、公園や空き地に品物を持って集まって売ろう。
大変かもしれないが、やってみたらきっと楽しいぞ。

映画も飛び出さなくていいし、車も自分で運転しよう。

道に迷ったら人に聞けばいい。

ゲームは、そうだな、みんなでトランプをやろう。

大富豪は相当面白いし、中毒にはならないくらいの絶妙なゲームだ。

なんなら外に出て缶蹴りをやってもいい。大人だって面白いぞ。

日中サボっているセールスマンたちは、公園に集合して缶蹴りをやろう。

コミュニケーション能力も高まるし、ポケモンを探しているよりよっぽど価値があるぞ。

音楽だって四六時中聞かなくてもいいだろう。
歩いているときに街の音に耳を傾ければ、季節によって違う音が聞こえてくる。
鳥のさえずり、風の音。虫の声。
どうしても音楽が欲しくなったら、口笛を吹けばいい。
そして何もすることのない時間は、たっぷりと物思いにふけって魂を浄化するのだ。

これを「退化の改新」と名付ける⁉

各方面からいろんな声が飛んできそうだが、そのまま空の彼方へ飛んでいけばいい。
しかしそう考えると、昭和という時代は私のような屁理屈じじいのノスタルジーということだけではなく、本当に調和の取れた豊かな時代だったのだと思う。

時代を巻き戻すことはできない。
それでもあきらめることはない。
これからの時代を変化させることは、いくらでもできるのだから。

よ

乱【らん】

幼い頃から私は、常に規律や秩序を乱す存在であった。

私は四人兄弟の二番目なのだが、家族の中で叱られるのは決まって私だけ。ちょっと目を離すと迷子になり、電車に乗っても、病院の待合室でも落ち着きがなく、周りに迷惑をかけた。特に毎晩食事の時間になると急に機嫌が悪くなり、じっと座って食べるということに我慢ができず遊び始めてしまうという始末。母が注意すればするほど反抗し、終いには必ず父が怒鳴って私が泣き叫ぶ羽目になるのだった。五つ離れた温厚で真面目な兄は、晩御飯の時間が嫌でたまらなかったそうである。

保育園に行っても喧嘩ばかりしていたらしい。お昼寝の時間にみんなと一緒に布団で寝ていたことがなく、お仕置き部屋という狭い倉庫の中にいた記憶しかない。

小学校に上がってからも反発ばかり繰り返していた。宿題はほとんど提出したことがなく、廊下は全速力で走り抜け、質問されても何も答えず、黙れと言われれば喋りだす、そんなやっかいで手に負えない嫌な子どもだった。

不真面目だと言われればそれまでだが、むやみに反発していたのではない。私は昔から理由のわからない規則やルールというものを、無条件に受け入れられなかったのだ。それを単に不真面目という言葉で片づけてはいけない。むしろ規則やルールを何の抵抗もなく受け入れている人の方が、自分の人生に対して不真面目なのではないか。

中高生の髪型やスカートの長さなど、全く根拠がわからない校則に黙って従う心理は、「叱られたくない」「罰を受けたくない」「強い権力には逆らわず従っている方が得策だ」などに他ならない。実際には髪を染めようが、パーマをかけようが、学力には一切関係ない。髪を染めたことで悪に染まる訳ではないし、パーマ液は心まで捻じ曲げることはできない。

「服装の乱れは、心の乱れ」と言うが、多くの生徒たちは乱したい訳ではなく、おしゃれをしたいだけなのだ。おしゃれをして個性を発揮したいのである。

結局、校則の目的は「服従」である。右を向けと言えば右を向く。走れと言えば走り出し、止まれと言えば止まる。そこに根拠は必要なく、言われたままに従順に従うことのできる人間を作りたかったのだろう。

こんなことがあった。

小学六年の体育の時間、教師が「回れ右」と言ったため、私は反対の左から回った。すると教師はすっ飛んできて「岡根、ふざけてるのか！」と怒鳴った。「ふざけてません。なぜ右から回るのか、理由を教えてください」と私が言うと「何だと！」と、言葉を詰まらせた。私は調子に乗って「先生、人間の心臓は左にありますから、左を軸に回った方が心臓に負担をかけないと思います」と言った。すると教師は顔を真っ赤にして「屁理屈を言うな！　右と言ったら、右から回れ！」と力で強引にねじ伏せてきた。

いや、屁理屈ではなく立派な理屈だと思うのだが。一部の友人を除いてクラスのほぼ全員が、迷惑そうに私を見ていた。ルールに従わない人間は仲間外れになり、迫害され、やがて排除される。

私と同じ価値観を持った数少ない友人は皆不良と呼ばれ、高校に進学後、何らかの校則に違反し、全員中退してしまった。

私は秩序を乱したかった訳ではなく、不真面目だったのでもなく、理不尽に従いたくなかっただけだ。大袈裟に言えば、権力や強制や支配に対して反発していたのだ。人間は家畜ではなく、機械やロボットでもない。言われるがまま規則や命令に従うだけの人間になるのはごめんだ。そんなものは教育ではなく調教だ。

むろん、私は単純にルールや規則や命令に従うなと言っている訳ではない。ルールや規則は、何かしらの目的のためにあるもので、その目的を理解しないでただ従順に従うのは危険だと言っているのだ。そんな人間たちは、学校にいる間だけ、いい子だの、優等生だのとおだてられる。しかしその後社会に出ると、上司から「自分の頭で考えろ」と叱られ、右往左往しているのだ。「いい子」の正体は、学校にとっての「都合のいい子」ということであって、残念ながら社会では役に立たない。

セールスマンなどはまさにそうだ。いいセールスマンとは、見込み客にとって都合のいいセールスマンではない。見込み客の価値観をいい価値観に変え、いい人生へと導くセールスマンが本当のいいセールスマンだと言えるだろう。

もう一つこんなエピソードがある。２０１１年東日本大震災のときのこと、私が尊敬する先輩の一人であり、当時一流企業の重役を務めていたＴさんの話しだ。

当時東北地方は、地震による津波と原発事故によって甚大な被害を受け、大勢の人が家を失い、学校の体育館などに避難していた。Ｔさんは、仕事でお世話になった多くの東北の人たちを心配し、自分にできることは何かないかと考えた。いてもたってもいられず、レンタルした軽トラックに確保できるだけの水やジュースやパンや即席の食糧を買い込み、夜の道を東北に向けて走らせたという。

たどり着いた福島のある中学校の体育館では、多くの家族が不安と空腹と寒さで震えていたそうだ。Ｔさんは早速その場所を管理していた役所の人に軽トラックに詰め込んできた食料を預けようとしたが、何と驚いたことに、その申し出は断られたのだ。

いったいなぜ？　理解できないＴさんが「今日買ったばかりだから食べられますよ」と言うと、役所の人は「そういう問題じゃないんです。人数分同じものしか配れないので、数が揃ってないと受け取れないのです」と言ったそうだ。

「いや、でもせっかく買ってきたんだし、みんなお腹空かせているんだったら……」

「ご厚意はありがたいですが、でも規則ですから」
「規則ったってあんた、こんな非常事態に！」
「すみません。そういう規則なんです」

信じがたいことだが、実際そんなことがあったそうだ。

しかしその役所の人を責める訳にはいかない。決して心ない冷たい人間ではなく、自分の任務を全うしている真面目な人なのだ。もし勝手に規則を破って問題が起これば、その人は仕事を失うかもしれない。そして家族は路頭に迷うことになるかもしれない。

しかしだ。しかし釈然としない。理解はできても腑には落ちない。その規則はいったい何のためにあるのか。

人によって貰うものが違えば、確かに必ず不公平を訴える人が出てくる。そのクレームを回避するためだけのルールではないか。実際お腹を空かせている子どもや妊婦もいるだろうに、クレームを防ぐために命の源である食料を拒否するなんて馬鹿げている。

もちろん想定を超えた地震が起こり、突然一度にいろんな問題が起こってしまったために、その件について上からの許可が得られていないだけなのだろう。もしそこに役所のトップがいれば、Tさんの申し出を快く受け入れて、みんなに食料を配ったに違いない。しかし末端で働く人間には判断できない、いや判断してはいけないと教育されているのかもしれない。

これは服従型の人間を作るという間違った教育がもたらした弊害なのだ。

もし日頃から、命に係わる緊急事態が起こったときには上司からの支持を待たず、一般的な規則よりも、自分が考えられる最善を尽くすよう教育されていたとしたら、事態は変わっていたことだろう。

「これをみんなに配ってあげてください」

「え、こんなにたくさん。わざわざ東京からですか？　それは本当にありがたいです。皆さんきっと喜ばれます」

「人数分同じものがなくて申し訳ないのですが」

「そんなこと構いませんよ。本来は、役所が配給するものは人数分揃っていなければ

ら

配ってはいけないのですが、この緊急事態にそんなことは言っていられません。私の判断で、一つ残らず大切に皆さんにお届けします」

「それは安心しました」

「皆さん、聞いてください。たった今、東京から自費でたくさんの食べ物を持ってきてくれた人がいます。ご厚意に心から感謝します。そして皆さんにお願いがあります。全員分の数があるかどうかわかりませんし、同じものをお配りすることもできません。ですからまずは子どもと妊婦さん、それから空腹で危険な状態にある方たちを優先させてください。不公平があるかもしれませんが、こんなときは譲り合いの精神で行きましょう。ご協力お願いします！」

これで文句を言う日本人はいないのだ。むしろ役所の人の判断と行動に拍手が起こるに違いない。我々はそういう民族なのだ。

組織のように、人が集まった集団を機能させるためには、服従型の人間を作らなければいけないという思い込みは、もう捨て去らなければならない。支配と服従という関係ではなく、忠誠心を誓い合った本物の組織を作ろうではないか。

そのために今求められるのは、自分で考え、応用力があり、責任が取れ、リーダーシップが発揮できる自立した人間を作る教育だ。

そして当然のことながら、まず上に立つ人間こそが変わらなくてはならない。

支配者から、人望のある本物のリーダーへ！

率【りつ】

経営者やトップに立つ人間が効率のことを言い出したら、気をつけろ！

効率を求めるとは、つまり最小のエネルギーで最大の効果を得ようとすることに他ならない。効率を考えることは経営や商売をするうえで一見重要だと思うかもしれないが、これがとんでもない落とし穴なのだ。


何処とはあえて言わないが、十数年前、ある屋台街で有名な観光地に行った。

大きな川沿いの土手に、ずらっと木造の屋台が並び、懐かしい昭和の雰囲気が漂っていた。たまらずにひょいと、ある屋台の暖簾をくぐってみると、コの字で囲むように七、八人も座れば満席になる小さな屋台だった。

狭い店の中では、地元の常連客と、私のような観光客が安酒を片手に仲良く話していた。店の大将が「いらっしゃいませ」と言うのと同時に、常連の親父さんも何ともいえない優しい笑顔で「いらっしゃい」と声をかけてくれた。一瞬にして「知らない地元の親父さん」は「屋台で一緒に飲む仲間」になった。

私が嬉しくなって「いい屋台ですねぇ」と言うと、親父さんはまるで自分の店のように「そうやろ。こん屋台がいっちゃんばい」と、自慢気に答えてくれた。

これが屋台の醍醐味だ。知らない客同士が、何の隔たりもなくすぐに仲良くなれる。その後も、客同士が酒をおごっては、つまみをおごられという感じで最高に楽しい夜が続いたのだった。

ところが数年前、十年ぶりにその場所に行ってみると、屋台の外には何やら客引きのような男がずらずらと立っていて、食べ終わったお客に席を空けるように急かしていた。そして、次の客を入れては「追加注文はできず、最初に頼んだオーダーのみで、食べ終わったら待っている次の客にさっと席を空けること」という旨を説明していた。まるでベルトコンベアーの上で、荷物を出し入れしている作業員のようであった。

店の中に、地元の常連らしき人はいなかった。皆黙々と注文した品を食べ、ビールを飲み、ラーメンをすすって帰っていく。店も酒もつまみの味もきっと同じなのだろうが、もう私の知っているあの屋台ではなくなっていた。あの居心地のいい安っぽいけれど優しい時間はどこかに消え失せ、ギスギスとした苦い空気が漂っていた。

十年前と比べて、爆発的に外国人観光客も増えた。お店としてはその誘導係のような男に人件費を余分に払ったとしても、回転率は圧倒的に上がり、確実に利益も上がっているのだろう。

もちろん全ての屋台がそういう仕組みに変わった訳ではないのだろうが、私は何だか興ざめしてしまい、その日は屋台には寄らずにホテルに帰った。あの人懐っこい笑顔の親父さんは、今頃どこで飲んでいるのだろうか。

仙台四郎という人物をご存じだろうか。仙台ではとても有名な、商売の神様と慕われている明治時代に実在した人物だ。東京の江戸川区にある超個性的な書店「読書のすすめ」の清水店長に勧められた本の一つが、『福の神になった少年』（作・丘修三／佼成出版社）という仙台四郎の物語を綴った本である。

四郎少年は知恵遅れで字も読めず、まともに話すこともできなかった。それで皆から馬鹿にされ、いじめられていたのだが、誰を恨む訳でもなくいつも穏やかにニコニコしていた。そしていつも野良犬を連れて街を徘徊しており、勝手にお店の前を掃除したり水を撒いたりしていた。

そんな四郎に優しくする店もあれば、邪険に扱う店もあったという。

すると不思議なことに四郎が立ち寄る店は必ず繁盛し、四郎を追い払う店は閑古鳥が鳴くようになったそうだ。そしていつしか人は四郎のことを「福の神」と呼ぶようになり、今日に至っても愛され続ける存在となったのだ。

人としてのあり方を指南する、まるで昔話のような実話だ。

しかし皆さんお気づきだろう。四郎が立ち寄ったから店が繁盛したのではなく、知恵遅れの四郎にも優しく接する店だから繁盛したのである。反対に、買ってくれる客には優しくするが、何も買わない客にはぞんざいな扱いをするような店は衰退していくということなのだ。

また面白いのは、欲をかいて優しい素振りをして四郎を立ち寄らせようとする店には、四郎は決して寄りつかなかったそうである。猫を嫌う人に猫が寄りつかないのと同じように、四郎は人の心を見抜く直感が優れていたのだろう。

効率や利益率ばかり求めていると、商売にとって一番大事な情を失ってしまうことになる。効率よりも、働く人のやりがいや価値観を高めることの方が重要である。それはある意味、あえて非効率に行動してみることなのだ。

例えばインターネットを使えば簡単に済ませられることをアナログでやってみたり、あえて面倒だったり、不便だったりする方を選択してやってみる。

・SNSではなく手紙や葉書を送る
・目的地は人に尋ねながら行く

・わからない言葉は辞書を引く
・ネットニュースではなく新聞を読む
・東海道新幹線は「のぞみ」ではなく「こだま」で行く
・レシピを見ずに勘で料理してみる
・一駅手前で降りて歩いてみる
・パソコンやスマホではなく紙に鉛筆で書く
・大切な人の電話番号は暗記する
・電子レンジは使わない
・絶対に自分では観ない映画を観る
・壁掛け時計は短針だけにする

すると意外な発見があったり、心にゆとりができたり、人に優しくできたりするかもしれない。この考え方はセールスも同様だ。効率や利益率よりも情を優先することで、顧客と深い人間関係を構築できるというケースはよくある話だ。

そう言えば、新幹線が登場する前の東京～大阪間は六時間五十分もかかっていた。そのため出張者の多くは、よほどのことがない限り日帰りでの出張はなく、宿泊して顧客との関係を深めたり、出張先の街を堪能したりしていたことだろう。

しかし一九六四年に新幹線が開通すると、いとも簡単に日帰りで出張ができるようになった。もちろんのんびり見物などしている時間はなくなり、できるだけ無駄を省き、さっさと用事を済ませて帰りの新幹線に飛び乗らなくてはならない。

近未来のリニア新幹線の時代になれば、ほぼ一時間で関東と関西を行き来できるという。科学が進化したおかげでどんどん無駄が省けて効率化したのだから、時間がたっぷり余るのかと思いきや、むしろ時間は逆に足りなくなっている。我々がＩＴやＡＩによって省いていたのは、無駄ではなく余裕だったのかもしれない。

しかしこの時代だからこそ、非効率な商売をして成功している企業がある。その一つが、先ほど紹介した「読書のすすめ」という書店だ。

東京とはいえ、決してアクセスが良いとは言えない江戸川区の篠崎という物凄く効率の悪い場所に店を構えている。しかも驚くことに、売れ筋のベストセラー本は一切置いていない。店長の清水さんが読んで「売りたい」と思った本しか店頭に並べないという徹底した非効率振りなのだ。

驚きはそれだけでは終わらない。運が良ければ、広い店内の奥にあるテーブルで鍋をやっていて、本を買った人も買わない人もご相伴に預かることができる。あるいは酒を振舞ってもらえることもある（もちろん何も買わずに飲み食いするような野暮な客は見たことがないが）。閉店時間もあってないようなもので、だらだらと酔払って飲んでいる客がいる限り開けてくれている。そして、そこで働いている小川さんというスタッフは、埼玉県の奥地から毎日東京の外れまで二時間近くかけて通っているという、彼もまた非効率の具現者なのだ。

しかしこの書店で最も驚くのは、このネット時代にもかかわらず、日本各地から本を買う客が訪れることなのである。北海道や九州からわざわざやって来る学生あり、プロスポーツ選手あり、子育て中の主婦あり、有名な経営者あり。

それはひとえに、店主の清水さんが一人ひとりと会話をして、その人の悩みを解決する本や、その人の人生に役立つ本を丁寧に探し出して勧めてくれるからに他ならない。

まさに「読書のすすめ」なのである。これは日本広しといえども、お店で売っている全ての書籍を読破している清水さんにしかできないことだ。

もし、今まで自分は効率ばかりを考えていたという気づきがあったなら、早速この書店を訪ねてみてはいかがだろうか。

その場合は必ず一つ手前の駅で降りて、決してナビなどに頼らず、道草を食いながら訪ねて行ってもらいたい。途中でこぢんまりとした感じのいい居酒屋を見つけて、一杯ひっかけてから行くのもいい。無事にたどり着くことができれば、決して自分では一生手に取ることのない、貴重な本を勧めてくれることだろう。

類【るい】

「類は友を呼ぶ」

金持ちの友だちは金持ちで、貧乏人の友だちは貧乏だ。前向きな人には前向きな人が集まり、文句ばかり言っている人の周りは文句ばかり言っている。

不思議なことに、ずっと地下室にいたり湿った場所にいたりすると、考えも暗く湿っぽくなってくる。清潔な場所にいると心は安らぎ、散らかった部屋にいると心は乱れてくる。高度な治療が受けられる東京よりも、のんびりとした地方の方が平均寿命は長く、また日照時間が短い土地に自殺者が多いというのも、環境との因果関係があるのかもしれない。

江戸川乱歩がミステリーや怪奇小説を書くためにわざわざ日中でも真っ暗な蔵の中に閉じこもり、蝋燭を灯しながら執筆していたというのは有名な話だ。真夏のビーチで燦々と降り注ぐ太陽の光を浴びながらでは、『陰獣』や『芋虫』のようなおぞましい物語は思い浮かばなかっただろう。

人もまた、波動共鳴しているのだ。

「其の子を知らざれば、其の友を視よ」とは、中国の儒学者である荀子の言葉だ。友だちを見れば、その人がどういう人かよくわかるという訳である。

そして私は「其の子を知らざれば、其の子の本棚を視よ」と言いたい。友だちと同じように、その人がどんな本を読んでいるかで、その人がどんな価値観を持っているかがよくわかるからだ。

もし、本棚に漫画ばかりがずらっと並んでいたら、きっとその人は楽しい人で、面白いことが好きに違いない。私も影響を受けた漫画はたくさんある。ジョージ秋山の『浮浪雲』は、これはもう立派な哲学書だ。また少女漫画家くらもちふさこの作品は、少女漫画というジャンルでは括れない、ある意味漫画でしか表現できない文学作品だと思う。

しかし、本棚に漫画しかないとすれば残念である。漫画に比べれば、確かに本を読むというのはかなり能動的でなければならず、骨が折れることである。読書に価値があるとわかっていても漫画しか読まない人は、大変なことや難しいことよりも、楽な方を優先してしまうという価値観なのではないだろうか。

子どものように、嫌いな野菜は一切食べず好きなものばかり食べていたら、栄養は偏ってしまう。それは心も同じなのだ。

ミステリー小説ばかり並んでいる本棚も、やはり漫画と同じである。

ミステリーは面白い。ある意味漫画よりも面白い。シリーズ化していれば私も間違いなく全部揃えてしまう。アガサ・クリスティー然り、エラリー・クイーン然り、名作と呼ばれるものには深い感動がある。

また日本人作家の高田崇史による『ＱＥＤ』シリーズ（講談社）は、その発想の奇想天外さに舌を巻く。平安時代にまつわる伝説や言い伝えの謎を解いていくストーリーで、寝る間も惜しんで読みたくなる小説である。

しかしミステリーばかりでは、やはり価値があることよりも、好きなことだけやりたいという価値観になってしまう。

では、ビジネス書がずらっと並んでいたらどうだろう？

これは一番危ないパターンだ。自分で考えることをせず、いつも正解ばかり探していて、自分は正しいと勘違いしている人間が多い。最も残念なのは、自分独自の哲学を持っていないことだ。おそらく、自分で考えて失敗するのは無駄であり、そんなことに時間をかけるよりはさっさと答えを聞いたほうが得策だという価値観なのだろう。

「そんなことお前に言われたくない」と思った人もいるだろうが……、本当のことだからもっと言ってやる。

ビジネス書のように、答えが羅列してあるものばかり集めても意味がないぞ。

三食全てがビタミン剤と栄養ドリンクだとしたらどうなると思う？

第一、ビジネス書に書いてある内容は、言い方を変えてあるだけで、大体どれも同じではないか。

ビジネス書を書いている本人が言うのだから間違いない。

ビジネス書を読むなとは言わないが、せいぜい二、三冊もあれば十分だ。

あとは全部誰かにくれてやれ。

そして手元に残った三冊を、徹底的に実践して検証してみるのだ。

当てはまるものもあれば、当てはまらないものもあるだろう。

普遍的なノウハウもあれば、時代とともに変化していくノウハウもあるのだ。

それを肌で感じながら、自分のものにしていくならビジネス書も大いに役立つだろう。

だが、まるで趣味のように集めても、実力もないのに講釈ばかり垂れるウンチク野郎になるだけだ。

まだ本なんか読まないと言っている人の方が信用できる。


セールスに携わる人間には、一人残らず目を覚まして欲しい。せっかくセールスという素晴らしい仕事に就いたのだ。ただ売れるようになればいいのではなく、人間的にも成長していこうではないか。

さて、では図鑑や百科事典、写真集、専門書、洋書が並んでいる本棚はどうだろう？そんな本棚の持ち主には敬意を表する。きっと人生の膨大な時間を大した意味のない快楽のためではなく、何かしらの真理を追究することにかけてきたのだろう。

いや、その人にとってはそれこそが快楽なのかもしれないが、根底にあるのは快楽そのものではなく、「探求心」という価値観なのだ。

人間が他の動物とは違う高等な知能を得られた理由は、この探求心があったからに他ならない。そのためこの探求心を満たそうと生きている人は、人類の最先端を生きていると言っても過言ではない。たとえそれが私の全く興味がない「カビの研究」であっても「アールヌーボーとアールデコの違い」であっても「地球外生命体について」であっても、もし知り合うことができたなら、ずっとその人の専門的なうんちくをただひたすら聞いていたい。

セールスマンであるあなたの本棚には、どのような本が並んでいるのであろうか？

ちなみに私が共鳴する本棚は、文学作品や歴史小説、哲学書、詩集、絵本などがひしめいている本棚だ。（つまりそれが私の本棚という訳である）

なぜ、文学や歴史小説がいいのかと言えば、これは本【ほん】（261ページ）でも触れたが、ビジネス書とは違い、教訓になる考えや教えは一冊につき、たったの一行か二行ぐらいのものだからだ。たったそれだけ？　と思うかもしれないが、それでこそ価値があるのだ。

逆に言えば、その一行か二行の教えを、厚みのある一冊を通して、贅沢にじっくりと堪能することができるということだ。ビジネス書に比べて一頁の味は遥かに薄いかもしれないが、栄養価の高い食材を何度も何度も咀嚼して味わうような感覚に似ている。

例えば、「信念」という言葉について説明するだけなら一、二ページもあればこと足りるだろうが、それではただ言葉を理解したに過ぎず、心に響くことも、実感することも、憧れを持つこともできないだろう。

しかし遠藤周作の『沈黙』（新潮文庫）という歴史小説を読めば、心は震え、へその下辺りが熱くなり、いかに自分のそれまでの「信念」というものが、ぬるくて覚悟のないものだったかを思い知らされ、心底「本当の信念とは」という哲学に憧れを持つことになるのだ。まさに小説は心の友と言えるだろう。

哲学書に至っては、これはもう間違いなく変な奴である。

例えるなら、一見とっつきにくいが、深く付き合ってみると人生に多大な影響を与えてくれるような存在である。美味いのかまずいのかわからない超高級食材のようなもので、ニーチェの『ツァラトゥストラかく語りき』などはフォアグラ&キャビア丼くらいよくわからないが、間違いなく非凡で希少価値のある一冊である。

そんな本棚を所有している人とは、ぜひとも友だちになりたい。そして酒を酌み交わしながら夜通し語り合いたいものだ。共感し合ってバカみたいに互いを承認し合うも良し、違った価値観をぶつけ合って罵り合ってじゃれ合うのも良し。いずれにしても波動は共鳴し合い、美しく、あるいは面白いハーモニーを奏でることだろう。

大切にしている価値観は、「損得勘定」ではなく、「楽したい」でもなく、「好きなことだけやりたい」でもなく、「価値あることをやりたい」であるに違いない。

お気づきだろうが、あくまでも私の勝手な価値観の話であるゆえ故、鵜呑みにする必要もなし、本気で怒ることもありませんぞ。

例【れい】

頭では理解しても、腑に落ちないということはよくある。

世の中のセールスマンが悪戦苦闘しているのもほとんどがこのパターンだ。説明して理解させるまではいいのだが、なかなか相手の腑に落とすことができない。「良いことはわかるんだけど」と、その後に断り文句が続く。するとへぼセールスマンは、「まだ良さがわかっていない」とばかりに、さらに説明を続けてしまう。

これは、セールスマンの方が客の心理がわかっていないという典型的な例である。人は、良いことがわかったからといって必ずしもそれが欲しくなる訳ではない。

「良いか、悪いか」という判断は頭でするものだが、一方で「欲しいか、欲しくないか」

という感情は、心から湧いてくるものなのだ。そのため良いことがわかっても、腑に落ちていない相手にさらに説明を続けても意味がないのである。

例えばこれは、顔を固くガードしているボクサーを倒すならがら空きのボディを狙えばいいものを、必死にガードされた顔面ばかりを殴り続けているようなものである。どんなにパンチを繰り出しても全く相手には効いておらず、そのうちにこちらのスタミナが切れてしまうだろう。

ではどうすれば理解ではなく、相手の腑に落とすことができるのだろうか？

そこで役に立つ必殺技が「例え話」なのである。

その前に「腑に落ちる」とはどういうイメージなのかを腑に落としておかなければ、それこそ「腑に落ちる」を理解しただけで終わってしまう。

もしかしたら「腑に落ちる」とは、頭、つまり「脳」で深く理解することだと思ってはいないだろうか。もしそうなら「落ちる」という表現はおかしい。例えば「頭に血が上る」と言うように、「腑に上る」とならなくてはいけないだろう。落ちると言う限りは、腑は下の方にあるということだ。

「腑」を辞書で調べてみると《はらわた。胆。心根。心の底。》とある。

心の根っことは、つまりみぞおち辺りにある「肚(はら)」のことなのだ。その証拠に「腑に落ちた」という言い方を「肚に落ちた」と言い換えることもある。「頭」は、情報や知識を入れておく、またその情報に基づいて考える場所であり、「肚」は、その考えを決断する場所である。

例えば「肚が決まった」とは言うが、「頭が決まった」とは言わない。肚を括るのは素晴らしいが、頭をネクタイで括るのはただの酔っ払いだ。

さて、話を「例え話」に戻そう。

なぜ例え話を使えば、相手の腑に落ちるのかを具体的に解説していこう。

弊社は、プレゼンテーションスキルやコミュニケーションスキルを身につけるために、そのノウハウを繰り返し反復することができる教材を販売している。

一般的に、人は向上心のある人でも「セミナー」や「研修」には好意的だが、「教材」には苦手意識を持っている。そのためノウハウを身につけるには繰り返し反復することが必要だということをいくら説明したところで、相手は理解しても腑には落ちない。

腑に落ちていないのは、肚の中には「反復しなくても何とかなる」という気持ちがあるからである。

そこで例え話を使ってみる。

「例えば『英語』を話せるようになりたかったらどうする？　学校の授業をよく理解して、問題集もたくさんやって、テストで百点取れたとしても、実際に話せるようにはならないよね？　『スポーツ』や『楽器』もそうだよね。どれだけ理解したとしても、『できる』ようにはならない。『できる』ようになるには、できるようになるまで何度もそれを繰り返し反復するしかないんじゃない？　『九九』ができるようになったのもそう。『逆上がり』も『車の運転』も、きっと何度も何度も練習したよね。

もしプレゼンスキルに筆記試験というものがあって、それに合格したいのなら本やセミナーは役に立つけど、能力として実際にプレゼンできるようになりたいのなら、本やセミナーだけでは無理なんだよ。本当に能力にしたいなら、ノウハウを繰り返し反復できる教材しかないと思わない？」

このように例え話で伝えられたら、「なるほど。確かに繰り返し反復しない限り能力にはならない」と腑に落ちるのではないだろうか。

その理由は、例え話がその人の実体験に基づくからである。実体験に基づくものは、そう簡単に否定できない。例えば、３Ｄの映画で目の前に物が飛んでくると、嘘だとわかっていても目をつむってしまうだろう。当たり前だと思うかも知れないが、赤ちゃんは物がおでこにぶつかるまで目をつむらないそうだ。

逆に言えば、その人の経験にない例え話では意味がないということでもある。例えば繰り返し反復することの必要性を、牛の反芻で例えてもちんぷんかんぷんだ。

ポイントは相手の腑に落としたい内容とリンクさせること、つまり相手が経験している、あるいは認めている実例を見つけることである。そうすれば、否定することができない例え話に紐づけされている内容も、自動的に腑に落ちてくれるという仕組みなのだ。

例え話は、どんな職種にもどんな商品にも有効なプレゼンスキルである。

では、整骨院に来る患者にプレゼンする場合に当てはめてみよう。

痛みだけ取ってくれればいいという腰痛の患者さんに、骨盤矯正を勧めるときはこんな感じだ。

「○○さん、腰痛の原因は、腰のゆがみです。○○さんの今の体の状態を家に例えると、地盤沈下で家全体が傾いている状態です。痛みだけ取るというのは、とりあえずドアの軋みを応急処置で直しているだけで、家の傾きは直っていません。このまま放っておいたらどうなると思います？　とんでもないことになりかねませんよ。しっかり土台である骨盤を矯正して、腰痛を根本的に治しましょう」

このように、例え話を入れることで相手の頭の中に映像が浮かぶのだ。この場合、地盤沈下で家が傾いている映像が浮かぶだろう。すると言葉だけよりも映像が補足する分、心に響きやすくなる。心に響いたものは、肚に落ちやすくなる。

れ

これが心理学を応用したプレゼンスキルなのだ。しかもセールスの現場だけではなく、子育てや部下の教育の現場にも有効なのである。そしてスキルというものは、例えば車の運転と同じで、誰でも、いくつから始めても、反復すれば使えるようになる。これはほんの一例に過ぎないが、その他にもたくさんあるどんなプレゼンスキルでも、誰もが身につけることができるのだ。

ガッツと根性だけでセールスをする時代は終わった。数打ちゃ当たるという手法もインターネットには敵わない。この時代に人間がやるセールスとは、ＡＩにはできないセールス、つまりそれが心理学を応用したプレゼンテーションなのである。

決して理解しただけで終わらせず、しっかりと繰り返し反復して能力にして欲しい。理解して満足してしまうのは、例えば当たりくじを換金しに行かないのと同じくらいもったいないことなのだ。

さて、この「例」の中にはいくつ例え話があったでしょう？

老【ろう】

私は、皺くちゃにして笑うばあちゃんの顔が好きだった。

ばあちゃんの顔や、手に刻まれた無数の皺や染みは、ばあちゃんの生きてきた人生の苦しみであり、悲しみであり、ばあちゃんの歴史そのものである。

苦労しかなかった人生だが、いつもばあちゃんは凛として、どこか美しかった。

私に物心がついたときから、ばあちゃんはもうすでにばあちゃんで、七人家族の中のたった一人の老人だった。大正時代に生まれ、若くして結婚するも、二人目の子を身ごもった頃に夫を病気で亡くした。戦争が始まり、それでも女手一つで二人の子どもを立派に育て上げげた。

いつの間にかすっかり腰が曲がっていたが、家事でも庭仕事でもよく働いた。控えめで自己主張もせず、何の趣味もなく、夜中は遅くまで家族のために洋服を縫い、誰も見ていないときに自分の好きなテレビを見るくらいが唯一の楽しみだった。

当時我が家は非常に貧しく、夕飯のおかずが、白菜だけの水炊きなんてことがよくあった。食事のときは、家族が七人もいたせいもあり、ばあちゃんはいつもみんなが食べ終わる頃に卓につき、ご飯にお茶をかけて、みんなの余りもので済ませるのだった。魚でも肉でも、貧乏なため人数分が買えなかった。時々優しい妹がばあちゃんのためにおかずを残そうとすると「おばあちゃんは、ええから、ちゃんと食べよ」と言う。それでも頑なに「もういらない」と妹が言うと、兄と私が「ほんなら、俺がもらうわ」と二人で奪い合いをする。結局ばあちゃんは、いつものお茶漬けと漬物になるのだった。しかしばあちゃんは、それを我慢している訳ではなく、むしろ自ら望んで余りものを食べているように見えた。

家族旅行をするときは、自分は留守番がいいと言う。汚れる仕事も進んでやり、親に叱られると必ずかばってくれ、時々こっそり小遣いをくれた。

そしていつも顔を皺くちゃにして笑っていた。

一生懸命働いた手には皺ができる。
泣いたり笑ったりの人生だから顔に皺ができる。
苦労を重ねた分だけ染みができる。

ばあちゃんは、大正から昭和初期という大変な時代を、ただ我慢して生きてきた訳ではない。夫が死んだ悲しみも、戦争で住むところも食べるものもなくなった貧しさも、幼い二人の子どもを女手一つで育て上げた苦しみも、全部ひっくるめて良しとして生きてきたのだ。そうでなければ、あの内側から輝くような美しさが醸し出されることはないだろう。

最近は、皺くちゃなお婆さんというのは減った気がする。五十代、六十代でもずいぶん若々しい女性が増えた。科学が発達して、いつまでも綺麗な顔でいられることは素敵なことだ。それは否定しない。クレオパトラの時代から続く人間の願望である。しかし皺や染みもまた美しく、味わい深いものなのだ。

皆さんは、どのようなセールス人生を歩みたいと望んでいるだろうか。

老後になって、自分の子どもや孫たちに、どのような武勇伝を語るのだろう。何の苦労も不自由もない、順風満帆な人生ではちっとも面白くない。悩み、苦しみ、傷つけ、傷つき、それでもやせ我慢をして笑い飛ばしながら乗り越えてきた歴史を、皺くちゃな顔で語るのも悪くない。

職人が語る物語を綴った『職人の手』（アノニマ・スタジオ）という本がある。傘職人、桐たんす職人、クリーニング師、ガラス職人、結桶師、歌舞伎の床山、仏師、彫刻家など、さまざまな日本の伝統を守り伝えてきた職人の手は、どれも無口だが、それぞれのひたむきで頑固な思いが伝わってくる。ごつごつと関節が膨れ上がっていたり、葉脈のような皺があったり、一本だけ指が太かったり、ひん曲がっていたり、爪は変形していたり、黒ずんだ染みが抜けずにいたり、手間暇をかけてきた分だけ、手にもその記録が残っていた。

便利屋をやっていた時代に出会った溶接歴五十年という現役の職人の手は、まるで地面をしっかりと掴んで離さない巨大な楠の根元のようであった。その手からは、ただひたすらに一つのことを続けてきたという気の遠くなるような時間が垣間見える。老いてなお気を発し続けている職人たちの手は、過去にあった苦しみや悲しみを超越し、穏やかに笑っているようでもある。

その美しさは、老いることでしか到達できない尊さであり、憧れである。

そして自分の手を見る。何てきれいな手であることか。私の人生などまだまだである。これからの人生、老いることを恐れるのではなく、美しく老いるために、もっともっと夢中になって生きよう。花は枯れるからこそ美しいという。ならば、人は死があるから美しいのだ。美しく老いて、そして死してなお美しくあるために、今を全力で生きようとあらためて心に誓った。

罠【わな】

気をつけろ！　世の中には危険な罠が張り巡らされているぞ。

『はてしない物語』で有名な作家ミヒャエル・エンデ。彼が書いた児童文学の最高傑作と評される『モモ』という作品をご存じであろうか。その作中に、街の住人たちの時間を奪っていく「時間どろぼう」という灰色の男たちが出てくる。時間を奪われた街の住人たちは、どんどん心が貧しくなっていくという物語だ。

しかし、これは架空の物語などではない。周りを見渡してみれば、時間泥棒の罠にはまっている人間が続出しているではないか。

大人たちがスマホのゲームや漫画、ＳＮＳにまるで中毒のように夢中になっている。

そして本人も知らないうちに心が貧しくなっていく。生きていくために人は、やりたくない仕事でも我慢して働く。世のセールスマンの多くもそうだ。本当は営業が嫌いでも、我慢してやっている。我慢しているからストレスが生まれる。そして溜まったストレスを発散させるために少しでも空いた時間をゲームや漫画やＳＮＳで埋める。

しかし、ゲームやＳＮＳはストレスを解消するどころか、やればやるほどもっとやりたいという欲望の沼にはまっていくのだ。そうして一日を終える人は多い。そんな人たちに、豊かな時間などない。

スマホの中で遊んでいるから気づかないでいるが、もし家族がパチンコ台を家の中に持ち込んで、食事以外は寝るまでずっとパチンコをしていたとしたら、決して見過ごしたりはしないだろう。

スマホのゲームはパチンコと違って無料だし課金したとしても小銭だ、と思うかもしれないが、それこそがとんでもない罠なのだ。仕掛ける側にとっては、一部のパチンコファンから大金を集めるのも、大勢の一般人から小銭をかき集めるのも、結果的には同じだ。いや、それどころか小銭は大金を上回ることもある。

盲点は、奪われているのはお金だけではなく、膨大な時間だということだ。私たちはどこか無意識のうちに、「時間はいくら使ってもなくならない、無限にある」と思い込んでいるのではないだろうか。

それは明らかな誤認だ。お金は稼ぐことができるが、時間は稼ぐことができない。時間こそ有限なのだ。しかし無料という罠にはまった人間は、お金よりも貴重な時間を、ただただ浪費しているということに気づかない。問題が見えていないのか、灰色の男たちに時間を盗まれているぞ！

ＳＮＳに夢中になっている人も同じだ。たった二時間の映画を観ている間でさえ、ＳＮＳが気になって仕方がない。そんな人間が増えている。ＳＮＳを覗いてみれば、どんな美味しいものを食べたのか、どんな素敵な場所に来ているのか、飼い犬がどれだけ可愛いのか、誰もが自慢話に大忙しだ。

ＳＮＳで世界中どこでもオンタイムで繋がれるようになったからといって、私たちはいったい何を得たのだろうか。心が豊かになるどころか、本当かどうかもわからない「いいね」を集めることに夢中になり、いつしか優越感と賞賛を欲しがる心の貧しい人間になってはいないか。

ＳＮＳの世界では、じっくり語り合う時間や言葉はどんどん省略され、コミュニケーションは記号化されていく。人と向き合い、語らい、関わり合う時間よりも、自分をよく見せることにかける時間の方が重要なのだろう。関心があるのは自分のことばかりで、他人には無関心になっていく。

世の中で最も恐ろしいウイルスは、「シラケ」という心のウイルスだ。シラケは伝染病のようにどんどんと感染していく。人から表情を奪い、気力を奪い、情熱を奪っていく。そしてカビのように、どんどん広がり沁みついていく。シラケている時間は死んだ時間だ。

都会の満員電車の優先席でイヤホンをしながら寝ている若者は、決して冷たい人間でも意地悪な人間でもない。ただシラケているだけなのだ。自分以外のものに無関心。イヤホンから音が漏れていることにも、近くに座席を必要としている人がいることにも気がつけないでいる。

もちろん犯罪のように大げさに騒ぐことではない。しかし、それが恐ろしいのだ。もはやそんな光景は珍しくもない。周りの無表情な乗客の誰も彼もが見て見ぬ振りをする。そうして現代人は、なるべく他人と関わらないようにして生きている。


子どもの頃「人に迷惑をかけてはいけない」という教えを受けたが、そんなのは間違っている。どう考えても人に迷惑をかけないで生きるなんて絶対に無理だ。

ならば人に迷惑をかけながら生きよう！

そして人の迷惑も引き受けよう！

いいじゃないか。互いに迷惑をかけ合い、助け合い、関わり合う。それが人生というものの醍醐味ではないか。

だいたい迷惑をかけることを恐れていたら、アポイントだって取れやしない。

大泉洋が主演している『こんな夜更けにバナナかよ』という映画がある。

難病である筋ジストロフィーという病に侵された鹿野靖明さんの実話だ。動かせるのは手首から先ぐらいで、傾いた首でさえ自分では戻せない。人の助けがなければ生きていけないにもかかわらず、病院生活も親元も拒絶し、大勢のボランティアを集めて一人暮らしをしているのだが、これがもう我がまま放題なのだ。

あまりの横暴さにボランティアの一人が「我がままを言うな」とたしなめると、「ここは俺の家だ。自分の家で我がままを言って何が悪い！」と開き直る。鹿野はボランティアに対して施しを受けているとは考えない。「お前たちだって、ボランティアをすることによって満足感とか何かを得てるんだろ？　だから俺とお前たちは対等だ！」と堂々と言い張る。最高に面白いクソジジイの物語で、これはもう人生という名のパンクロックだ。なぜこんなに面白いのかと言えば、鹿野には一秒たりともシラケている時間がないからだ。五体満足な人間とは違い、一瞬でもシラケたら、それは鹿野にとって「死」を意味する。

一人暮らしを始めたのは、母の人生を自由にさせてやりたいという思いからだった。しかし家族に迷惑をかけない代わりに他人にめちゃくちゃ迷惑をかけている。そこには正しさだとか間違いなどといった尺度はない。あるのは鹿野靖明という男の命についての哲学だけだ。
そんな矛盾を全てひっくるめて、鹿野のがむしゃらに生きる姿にいつしか自然と感動を覚える。自分の中にも、あのような激しく燃える情熱の火種があるのだ。

シラケてなんかいられないぞ。
時間どろぼうのカモにされるな。
ストレスなんか情熱の炎で焼き尽くしてしまえ！

五体満足なのに、シラケたりいじけたりしてはいないか？
人生を悲観してはいないか？
たった一度しかない人生の大切な時間を、
くだらない罠にはまって
まやかしの娯楽や快楽でごまかしてはいないか？

騙されるな！　世の中には巧妙な罠が張り巡らされているぞ。罠は、人から時間を奪い、時間を奪うことで思考を奪う。そうして利害にまみれた社会のからくりに気がつかせないようにしているんだぞ。

罠にかからないようにするのは簡単なことだ。肚を括って全てを自己責任だと解釈し、能動的に生きることだ。

『モモ』の主人公であるモモという少女は、盗まれた街の人々の時間を取り戻すために時間どろぼうと戦うのだが、魔法が使える訳でも、不思議な道具を持っている訳でもない。どこにでもいる普通の小さな女の子である。

ただ一つだけ他の人と違うのは、相手の話を真剣に聞くことができることだ。そんなことなら誰にでもできると思うかもしれないが、はたしてそうだろうか？　確かに誰にでもできそうなことだが、誰もできていない。うわべだけ聞いている振りをしているだけで、心の中は自分のことでいっぱいだ。

相手の話を真剣に聞くということは、
相手のために自分の時間を使うということである。
相手に関わるということは、
相手の人生の一部を引き受けるということである。

人の話を真剣に聞くということは、それほど崇高な能力なのだ。

なぜ幼い少女であるモモにそんなことができたのだろうか?

それは、全ての時間を能動的に生きているからである。


「能動的に生きる」これが肝心なのだ。そのことに気がつけば、この一度きりの人生こそ面白過ぎるゲームになる。泣いたり、笑ったり、悔やんだり、挑戦したり、感動したりする本物の人生ゲームだ。

人が作ったゲームに夢中になっている暇などない。

大いに自分の人生に夢中になって、面白いエピソードを繰り広げていくのだ。

乎【を】

「を」は、それ自体に意味を持つ訳ではない。

しかし「を」という文字がなければ、日本語は成り立たない。

「を」は、自己主張をせず、その存在を潜(ひそ)めることによって、関わる他の言葉に意味を与える。「を」が放つエネルギーは控えめで慎ましく、美しい。そして穏やかである。

まるで大和なでしこのようではないか。


そんな「を」のような人生を生きた歴史上の女性たちを記した書籍がある。歴女と呼ばれる白駒妃登美さんの著書『なでしこ歴史物語』（モラロジー研究所）だ。平安時代から鎌倉時代、室町時代、戦国時代、江戸時代、幕末、そして戦後の昭和に至るまで、それぞれの時代を陰で支え、美しく生き抜いた女性の五十編の物語である。

いずれの物語も深く心に感動を覚えるとともに、あらためて日本の女性に敬意を抱き、そしてこの国に生まれたことを誇りに思った。

「大和なでしこ」には、男性を立てる、控えめで奥ゆかしいというイメージがある。しかしそれだけではない。「大和なでしこ」は、凍えるような冬の寒さを耐え忍ぶ芯の強さを秘めている。「なでしこ」は、花の「撫子」と書くが、私は撫子よりも梅の花の方がふさわしいと思う。

花の散り際には多彩な表現がある。桜は散る。菊は舞う。椿は落ちる。牡丹は崩れる。どれもその花の最後の情景が浮かぶ、それぞれにふさわしい表現だ。

そして梅は、「こぼれる」と表現される。

まるで水や涙のような表現だ。忍び続けた気持ちが雫となり、やがて心の器を満たしきり、命尽きるときの最後の一滴が溢れこぼれる。そんなイメージだ。

男であれ、女であれ、どの時代においても注目されるのは名を残した者ばかりだが、それを陰で支えた、あるいは支えている「を」の存在を忘れてはいけない。

思えば、私のデタラメな人生をずっと陰となって支えてくれたのは妻だ。月収五万円でプロポーズしたときも、子どもが三人もいる状況で仕事を辞めて無職になったときも、突然絵本作家になるんだと言い出したときも、必ず「大丈夫。何とかなるよ」と、笑って言ってくれた。何一つ贅沢を言うこともなく、欲もなく、いつも人の心配ばかりしている。自分のためにはお金を使わないのに人のためなら気前がよくなる。そんな彼女こそ「を」の女性だ。

家のことも子育ても、全部放ったらかして自由気ままに生きてきた私は、もし来世で立場が反対になって生まれ変わったとしたら、はたして彼女と同じ生き方ができるだろうか。

『影法師』（講談社文庫）という小説を読んだ。『永遠のゼロ』（講談社文庫）で知られる百田尚樹の著書である。

男が男に惚れ、人生の全てを親友のために費やした武士の話で、その題名の通り、自らは影の存在となり、親友にも決して気づかれないように助勢し続けるという究極の自己犠牲が描かれていた。

この男もまた「を」の人である。

驚くべきは、影法師として生きた彦四郎は、剣の腕前も学問も藩に敵なしの天下一品であり、しかも彦四郎が守り続けた勘一よりも身分の高い武士の家柄だったという点だ。もし彼が主人公として生きたなら、間違いなく一角の人物になったであろう。しかし彼は、勘一の脇役としての人生を選んだ。自分の能力を自分が豊かになるために使うのではなく、親友に全てを捧げ、さらなる大事を成し遂げることに使うと決めたのだ。

はらわたを引き千切られるくらいの衝撃を受けた。決して大袈裟ではない。彦四郎の武士としての生き方に、真の武士道を見たのだ。

物語はフィクションであるものの、登場する人物たちに流れている精神は間違いなく本物だと感じた。

共通して言えるのは、登場人物の全てが覚悟を持って生きているということだ。覚悟と口に出すのは簡単だが、覚悟を持つのは至難の業だ。覚悟を持つとは、命に代えてもそれをやり遂げるということである。

それほどの覚悟を持って営業をしているセールスマンが、どれだけいるだろうか。もし、そんなセールスマンが増えていったら、世の中は確実に変わるであろう。

【ここからはネタバレ注意】

『影法師』の本筋ではないが、主人公の幼少期に藩内で農民一揆が起こる。数年にわたる凶作で重い年貢に耐えかねた農民たちが、四十年ぶりに一揆を起こしたのだ。一揆の目的はクーデターではなく、年貢を少しでも軽くして欲しいという訴状を殿様に直に渡すためである。

そんなことかと思うかもしれないが、この時代、手順を踏まずに直に訴状を殿様に手渡すということは重罪なのである。しかし手順を踏んで訴状を渡していたら、殿様の手元に届く前に必ずもみ消されてしまう。だから何千人という農民が徒党を組んで一揆を起こし、城に乗り込んでくるのだ。そして仮に一揆が成功して年貢が軽減されたとしても、重罪を犯した罰として、首謀者とその家族は死罪となる。しかも磔による処刑だ。そのため農民も簡単に一揆を起こすことはできない。

首謀者に立ったのは、万作という百姓の男だった。万作はまだ若い。妻も若く、子どもも幼い。しかし誰かが首謀者として立たなければ一揆は成り立たない。自分の命に代えても、村の農民たちの暮らしを守るために万作は覚悟を決めたのだ。

それは万作の妻もまた同じであった。妻は一揆を起こす前に離縁していれば、自分と子どもの命は助かるのだが、夫とともに磔になる道を選んだ。この夫婦の魂は、紛れもなく侍だ。

そして万作と対峙した町奉行の成田庫之助もまた、覚悟を持った男だった。

万作の覚悟を肌で感じ取った成田は、無駄に争うことを止め、城の門を開けた。なぜ戦わないのかと憤る侍たちをいなし、万作と農民たちを城内に通し、訴状を殿様に手渡すことを許したのだ。

その翌日、成田は一揆衆を城内に入れた責任を取って自宅で秘かに自害した。昨夜、万作の命を捨てる覚悟を知り、その意を酌んで、門を開けさせたときに自らも自死を決めたのだ。

一度も刀を抜くことなく、互いに自分の命を差し出した。

壮絶な斬り合いよりも迫力のある、重い刺し違えだった。

小説とはわかっているのだが、肚の下が熱くなり、とめどなく涙が溢れ出た。

覚悟を持った人間は、主役だとか脇役だとか損だとか得だとか、そんなことはどうでもいいのだ。目的はたった一つ、命に代えて志を成し遂げること。

そんなシンプルで美しい生き方に憧れた。そして、来世などではなく、現世の残りの人生を、「を」のように生きると覚悟をした。

吽

【ん】

「阿吽の呼吸」とは、言葉を交わさなくとも通じ合う、以心伝心のことである。

まさしく究極のコミュニケーションだ。

スポーツ選手、ミュージシャン、会社員、セールスマン。いずれの職業においても、言葉を使わずに意思が通じるとしたら、それは間違いなく素晴らしいことである。

サッカーにおける絶妙なキラーパスやジャズのジャムセッションなどは、うっとりするほど美しい芸術だ。部下に資料の作成を指示する前に、すでに資料が完成されていたら感動する。顧客の真意を感じ取ることができるセールスマンは、超一流だ。その世界における到達点と言ってもいいだろう。

しかし、阿吽の呼吸を身につけるのは簡単ではない。職人が長い年月をかけた末に、ようやく道具が自分の体の一部になるのと同じように、いつも相手のことを思い続けた結果、相手の心が自分の心の一部になる。それには絶対的に時間が必要なのだ。

だがもし、仮に相手の心が読めるという超能力をいとも簡単に身につけられる魔法があったとしても、私は断るだろう。なぜなら、そんなことをしたら世界はとてもつまらなくなってしまうからだ。相手の心がわかれば確かに楽であり、多くの無駄や失敗は避けられる。実に合理的だ。しかし、つまらない。長い時間をかけて培った阿吽の呼吸とは訳が違う。

相手の心がわからないから、考える。わかろうとする。心配したり、焼きもちを焼いたり、誤解が生じたり、喧嘩をしたり。そんな無駄なことを散々した末に、ようやく互いにわかり合えるようになる。だから面白いのだ。

昔、私が高熱を出して寝込んでいたとき、妻が仕事帰りに電話をかけてきて「大丈夫?今から帰るからね。何か食べたいものはない?」と聞いてくれた。そこでなぜか私は、「ソーセージ」と言ったそうだ。熱で頭が朦朧としていたのだろう。

妻は急いでスーパーに寄ってソーセージを買おうとしたのだが、売り場にソーセージは何種類もある。迷った挙句、妻はタコちゃんウインナーから本格的な高級ソーセージまで、そこにあった全種類のソーセージを買ってきた。

そして寝ている私の横にずらっとソーセージを並べて「どれがいいかわからないから、全部買ってきちゃった」と、いたずらっ子のように笑うのだった。

「何てもったいない。もう一度電話すればいいじゃないか」と思うかもしれないが、私はそれがおかしくて笑ってしまった。それと同時に、妻の深い愛情が嬉しかった。

もし妻に私の心を読む能力があったとしたら、「ああ、熱で適当なことを言ってるのね。じゃあソーセージじゃなくて、おかゆにした方がいいわね」となるだろう。

合理的だが、ちっとも面白くない。それればかりか、あんなに心がほっこりする幸せを感じることもできないのだ。


相手の心がわからないから、人生は素晴らしい。そう思わせてくれる文学作品がある。オー・ヘンリーの短編小説『賢者の贈り物』だ。

貧しい夫婦がクリスマスに相手のためにプレゼントをしようとするのだが、手持ちのお金がない。そこで夫は、父の形見の懐中時計を質に入れ、妻が自慢にしている長い髪に似合う髪飾りを買う。そして妻は、ずっと伸ばし続けていた長い髪を売り、夫が大切にしている懐中時計に合う金の鎖を買う。

残念なことに、もちろんそのプレゼントは互いに役に立たなくなってしまう。せっかく一番大事なものを手放してまで手に入れたプレゼントが無駄になってしまったのだ。しかしその行為は、役に立つどんなプレゼントよりも互いにとって価値がある。

相手が喜ぶ姿を見たくて、ただそれだけで、二人は自分が最も大切にしているものを犠牲にした。その行為は愚かに見えても、それと引き換えに最上の愛を確かめられたのだ。言葉をどんなに尽くしても伝えきれない本当の気持ちを。これ以上のプレゼントがあるだろうか。そしてこれ以上の幸福があるだろうか。

便利であること、効率的であること、合理的であること、これらは全て、幸せであることとは一切関係がない。

そういえば、まだ携帯電話やスマートフォンなどなかった時代は、よく手紙を書いたものだ。学生の頃は毎日のようにラブレターを書いていた。付き合っている相手でも、心変わりしていないかが毎日不安だった。しかし当時の黒電話、つまり固定電話には、そう簡単にかけられない。相手の親が電話に出てしまうからだ。

それでも自分の思いを伝えたくて手紙を書く。親が寝静まってから真夜中に。しかしいざペンを持ってみると、気持ちを言葉にするのは難しく、あっという間に時間が過ぎていく。

上手く伝えられないから、もどかしくて苦しい。相手の気持ちがわからないから、切なくて苦しい。しかしそれは、なぜか心地のいい苦しさなのだ。勉強もせずに時間をたくさん無駄に使ってしまったが、とても幸せな時間だった。


人生もまた同じではないだろうか。何が起こるかわからないから面白い。結末のわかっている映画など、誰も観ないだろう。わからないからハラハラする。思った通りに行かないからドキドキする。それを味わえることが、人生の醍醐味なのだ。上手くいくことよりも失敗することの方が多い。信じた結果、裏切られることもある。これでもかというほど悪いことばかりが続くこともある。だから人生は面白いのだ。そして、そんな人生経験を基にすることでしか、自分の哲学は磨けない。

その人がその人である意味は、
その人が人生をかけて培った、
その人の哲学にあるのだ。

阿は、万物の始まり、吽は、万物の終わりだという。

阿は吐く息で、吽は、吸う息。

赤ん坊は、「オギャー」と息を吐きながら生まれ、そして人は息を引き取って死ぬ。

我々もまた、阿と吽の間に生きているのだ。万物の始まりが宇宙の始まりだとするなら、人生なんてあっと言う間だ。だから貴重であり、価値がある。もし人生が永遠に続くのなら、人生には何の意味もない。

終わりがある人生なら、無駄を省いて合理的に生きる方がいいだろうか？　いや、終わりがあるからこそ迷ったり遠回りしたりして、泣いたり笑ったりする人生の方がいい。損することを恐れ、得することばかり考えるよりも、損しながら、失敗を笑いながら、そんなことを笑って自慢できる人生の方がいい。未来など、わからなくて結構。深刻になることはない。人生面白ければ、それでいいではないか。

小さくまとまるな。大袈裟に生きろ。
喜びも悲しみも、後悔も挫折も、みんなひっくるめて笑ってしまえ。
馬鹿に目覚めた者が無敵なのだ。

そう、人生は歌舞伎だ！
そして、セールスも歌舞伎だ！
混沌とした、先の見えない時代だからこそかぶいていくぞ！

「チョーン」と拍子木を鳴らせ。
「バタン　バタン　バタバタバタ」とツケを打ちつけろ。
黒、柿、萌葱、三色の幕を開けろ。

さあ、人生歌舞伎の第二幕の始まりだ。
大見得切って、飛び六法で花道をかけて行け！

あとがき

前回出版した『セールスの絶対教科書』が好評をいただいたことで調子に乗り、「教科書があるなら、国語辞典も必要だろう」と、筆を執った次第です。

今回は、初めから書きたいことありきではなく、「あ」から「ん」までピンと来た漢字一文字を当てはめ、その一つひとつの言葉と真剣に向き合ってみました。そして、その言葉を通してその言葉にまつわる私の価値観を引き出せるだけ引き出し、悪戦苦闘しながらまとめ上げ、この一冊の本になりました。

冒頭にも記載した通り、本書は私の偏った人生観を綴ったものです。

書きながら感じたことは、その言葉の意味を知っているということと、その言葉が自分のものになっているということとでは、全く違うという事実です。

例えば「嘘」という言葉を知っていても、人生にもビジネスにも役には立ちません。どれだけ「嘘」と深く関わったかということが大事なのです。「嘘」によって人を傷つけたり傷ついたり、あるいは人を救ったり救われたり、そうして「嘘」という抽象的な言葉が、自分の経験値と融合することで発酵して自分の言葉になってくるのです。

それはフェルメールという画家が作り出す、フェルメール・ブルーと呼ばれる青色に似ています。決して既製品の絵の具では作り出せない、三百年以上経った今でもなお、鮮やかに輝くウルトラマリンブルー。その原料は、当時金と同じ価値のあった鉱石だと話に聞きます。きっとその色にたどり着くまでの苦難は、計り知れないものがあったことでしょう。

この本を最後まで読んでいただき、感謝しています。

しかしこの本は、皆さんのセールスの現場で直接役に立つものではありません。これからの人生で行き詰ったとき、気分転換のつもりで適当なページを開いてみてください。そして皆さんの価値観と比較をしてみて、面白がったり、反発したり、共感したりと、何か考えるヒントにしていただければ幸いです。

私自身も、独りよがりのエゴではなく、フェルメールのような価値のあるこだわりを、これからも磨いていきたいと思います。

付録『書籍』

あ **悪【あく】**『遠き落日』渡辺淳一
嘘【うそ】『泣いた赤鬼』浜田広介
か **計【けい】**『最後の一葉』オー・ヘンリー
『スタンド・バイ・ユー』岡根芳樹
『セールスの絶対教科書』岡根芳樹
さ **幸【さち】**『青い鳥』メーテルリンク
た **旅【たび】**『ライフ・イズ・ビューティフル』岡根芳樹
父【ちち】『オーマイ・ゴッドファーザー』岡根芳樹
友【とも】『走れメロス』太宰治
な **沼【ぬま】**『新・二都物語／鉛の心臓』唐十郎（戯曲）
は **恥【はじ】**『菊と刀』ルース・ベネディクト
変【へん】『本田宗一郎は語る - 不常識を非真面目にやれ』本田宗一郎
『さかさ町』F・エマーソン・アンドリュース
本【ほん】『ガープの世界』ジョン・アーヴィング
『俄-浪華遊侠伝』司馬遼太郎
『高熱隧道』吉村昭
ま **道【みち】**『SAプログラム』ソーシャル・アライアンス株式会社（教材）

や

闇【やみ】　『将棋の子』大崎善生

夢【ゆめ】　『ドン・キホーテ』セルバンテス

欲【よく】　『世界でいちばん貧しい大統領のスピーチ』くさばよしみ編集（絵本）

ら

率【りつ】　『福の神になった少年・仙台四郎の物語』丘修三

類【るい】　『陰獣』『芋虫』江戸川乱歩

『荀子』金谷治翻訳

『浮浪雲』ジョージ秋山（漫画）

『いつもポケットにショパン』『天然コケッコー』くらもちふさこ（漫画）

『QED』高田崇史

『沈黙』遠藤周作

『ツァラトゥストラかく語りき』ニーチェ

老【ろう】　『職人の手』山﨑真由子

わ

罠【わな】　『モモ』ミヒャエル・エンデ

乎【を】　『なでしこ歴史物語』白駒妃登美

『影法師』百田尚樹

吽【ん】　『賢者の贈り物』オー・ヘンリー

付録『映画』

あ　**嘘【うそ】**『ライフ・イズ・ビューティフル』ロベルト・ベニーニ

円【えん】『山の郵便配達』フォ・ジェンチイ

か　**神【かみ】**『ビッグ・フィッシュ』ティム・バートン

傷【きず】『男はつらいよ・寅次郎夕焼け小焼け』山田洋次

『前略おふくろ様』萩原健一主演（TVドラマ）

さ　**質【しつ】**『素晴らしき哉、人生！』フランク・キャプラ

損【そん】『家族を想うとき』ケン・ローチ

『万引き家族』是枝裕和

た　**父【ちち】**『自転車泥棒』『ひまわり』ヴィットリオ・デ・シーカ

『灰とダイヤモンド』『地下水道』アンジェイ・ワイダ

『オルフェ』ジャン・コクトー

『嵐が丘』ウィリアム・ワイラー

『第三の男』キャロル・リード

『七人の侍』『生きる』黒澤明

『東京物語』小津安二郎

『街の灯』チャールズ・チャップリン

『ノスタルジア』『ストーカー』アンドレイ・タルコフスキー

『死刑台のエレベーター』ルイ・マル
『ベニスに死す』ルキノ・ヴィスコンティ
『モンパルナスの灯』ジャック・ベッケル

月【つき】　『ペーパー・ムーン』ピーター・ボグダノヴィッチ
『天井桟敷の人々』マルセル・カルネ

友【とも】　『友だちのうちはどこ?』アッバス・キアロスタミ

ま

名【めい】　『ミツバチのささやき』ビクトル・エリセ
『蜘蛛女のキス』ヘクトール・バベンコ
『つぐない』ジョー・ライト
『ラースと、その彼女』クレイグ・ギレスピー
『街のあかり』アキ・カウリスマキ
『ブンミおじさんの森』アピチャッポン・ウィーラセタクン
『野いちご』イングマール・ベルイマン
『卵』『ミルク』『蜂蜜』セミフ・カプランオール
『桜桃の味』アッバス・キアロスタミ
『明りを灯す人』アクタン・アリム・クバト
『オアシス』イ・チャンドン
『ニーチェの馬』『サタンタンゴ』タル・ベーラ
『俺たちに明日はない』アーサー・ペン

や

闇【やみ】　『2001年宇宙の旅』スタンリー・キューブリック
『異端の鳥』ヴァーツラフ・マルホウル

わ

罠【わな】　『こんな夜更けにバナナかよ 愛しき実話』前田哲

著者プロフィール

岡根 芳樹

1964年和歌山県出身。

ソーシャル・アライアンス株式会社 代表取締役社長。

営業、コミュニケーション教育を提供する同社にて、企業や組織に対し実際の現場を想定した即効性のある研修を提案。机上の空論ではない自身の営業経験を活かした成果にこだわる人材教育、ユニークかつ実践的なトレーニングには定評がある。人気講師、トレーナーとして全国各地を飛び回る一方絵本作家としての顔も持つ多才な人物である。

〈著書〉『LIFE IS BEAUTIFUL』(ソースブックス)
『スタンド・バイ・ユー』(エイチエス)
『オーマイ・ゴッドファーザー』(エイチエス)
『セールスの絶対教科書』(エイチエス)

〈絵本〉『よなかのさんぽ』(ビリケン出版)
『あめのカーテンくぐったら』(フレーベル館)
『まじょのマジョリータ』(フレーベル館)

【セールスの絶対国語辞典】

初刷 ―― 二〇二一年五月二五日

著者 ―― 岡根芳樹

発行者 ―― 斉藤隆幸

発行所 ―― エイチエス株式会社　HS Co., LTD.

064-0822

札幌市中央区北2条西20丁目1・12佐々木ビル

phone : 011.792.7130　fax : 011.613.3700

e-mail : info@hs-prj.jp　URL : www.hs-prj.jp

印刷・製本 ―― モリモト印刷株式会社

ISBN978-4-903707-98-3